Hartmut Cyriacks / Peter Nissen

Sprichwörter Plattdüütsch

und ihre Bedeutungen

In Zusammenarbeit mit
dem Ohnsorg-Theater und
der NDR Hamburg-Welle 90,3

Quickborn-Verlag

9. Auflage 2010

ISBN 978-3-87651-214-3

© Copyright 1999 by Quickborn-Verlag, Hamburg
Umschlaggestaltung: rellesch concept, Hamburg
Gesamtherstellung: CPI – Clausen & Bosse, Leck
Der Umwelt zuliebe
auf chlorfrei gebleichtem Papier gedruckt.
Printed in Germany

Inhalt

Wat mutt, dat mutt –
Ein Wort vorweg

Mach dir, mein Sohn, vor allem klar, Sprichwörter sind nicht immer wahr. So stand es 1873 in der Zeitschrift *Kladderadatsch* zu lesen. Dem haben auch wir mehr als 120 Jahre später nichts hinzuzufügen.

Ein kurzes Sprichwort sagt oft mehr als lange Reden. Sprichwörter werden häufig benutzt, um Handlungsabläufe und Ereignisse abschließend zu kommentieren. Oft sollen sie sogar ein Gespräch, eine Diskussion beenden – und zwar kurz und treffend. In welchen Situationen und Zusammenhängen sie jedoch genau angebracht sind, ist häufig schwer zu entschlüsseln. Denn meist entspricht die Bedeutung eines Sprichwortes eben nicht dem, was es oberflächlich beschreibt. So sagt man *Ut de Noot röhrt de Katt ehr Poot* zwar auch über das vierbeinige Haustier, aber in erster Linie über Menschen. Trotz dieser Schwierigkeiten sind wir so kühn und kommentieren jedes Sprichwort. Dabei sind unsere Deutungen nicht als letztgültig zu verstehen. Sie sind ein Versuch.

Sprichwörter gibt es wie Blätter an einem Baum. Aus Tausenden von bekannten plattdeutschen Sprichwörtern haben wir 500 ausgewählt. Nicht berücksichtigt haben wir bei der Auswahl Sprichwörter, die auch im Hochdeutschen bekannt sind, wie *De A seggt, mutt ook B seggen.* Ebenso haben wir Wellerismen nach dem

Muster *Nu geiht de Reis loos, sä de Papagei, as de Katt mit em to Böhn truck* außen vor gelassen. Verzichtet haben wir weiter auf Beispiele, die sich auf überholte Lebensumstände beziehen wie *De Anfang vun den Daler is de Bankschilling.* Auch Wetterregeln haben wir nicht berücksichtigt.

Plattdeutsch hat eine Vielzahl von Mundarten. Und – *do, wat du wullt, de Lüüd snackt doch* – wir haben als Grundlage für diese Sammlung das »Medienplattdeutsch« gewählt, wie es etwa im Ohnsorg-Theater auf der Bühne oder in NDR-Hörspielen gesprochen wird und es zahlreiche Schriftsteller verwenden. Es handelt sich hierbei um eine sprachliche Ausgleichsform, der die Mundarten Holsteins, Nordniedersachsens, Bremens, Hamburgs und Teilen Mecklenburgs zugrunde liegen.

Es heißt *Sprichwörter sind Schmetterlinge, einige werden gefangen, andere fliegen fort.* Mit unserer kleinen Schmetterlingssammlung wünschen wir Ihnen viel Vergnügen.

Hartmut Cyriacks   *Peter Nissen*

Die Sprichwörter

Gott und Teufel

'n beten scheev hett Gott leev
Ein bißchen schief hat Gott lieb – *über verwachsene Menschen; aber auch, wenn eine handwerkliche Arbeit nicht gelungen ist und keine Neigung zur Nachbesserung besteht. (Auch mit dem Zusatz: ...* 'n beten krumm seggt he ook nix um.*)*

Den een gifft Gott Botter, den annern Schiet
Dem einen gibt Gott Butter, dem anderen Dreck – *Klage über die Ungerechtigkeit in der Welt.*

Den Gott leev hett, den gifft he 't in't Liggen
Wen Gott liebt, dem gibt er es im Liegen – *vergleiche Psalm 127, 2: ... denn seinen Freunden gibt er es im Schlaf.*

Gifft Gott Kinner, gifft he ook Büxen
Gibt Gott Kinder, gibt er auch Hosen – *fordert Gottvertrauen; vergleiche Matthäus 6, 28: Und warum sorget ihr für die Kleidung? Schauet die Lilien auf dem Felde, wie sie wachsen: sie arbeiten nicht, auch spinnen sie nicht.*

Gott maakt gesund un de Dokter kriggt dat Geld

Gott macht gesund und der Arzt bekommt das Geld – *mit leichtem Zweifel am Nutzen der ärztlichen Kunst.*

Gott gifft uns woll de Ossen, man wi mööt se bi Höörns in't Huus trecken

Gott gibt uns wohl die Ochsen, aber wir müssen sie an den Hörnern ins Haus ziehen – *wenn jemand eigene Mühen und Arbeit scheut.*

Gott gifft uns dat Koorn, man backen mööt wi sülvst

Gott gibt uns das Korn, aber backen müssen wir selbst – *Aufforderung zur Eigeninitiative.*

Gott sien Segen is jüst so goot in't Water as in'n Wien

Gottes Segen ist genauso gut im Wasser wie im Wein – *Gottes Segen gilt Armen wie Reichen.*

Gott sien Gaven schall 'n nich mit Fööt pedden

Gottes Gaben soll man nicht mit Füßen treten – *mahnt zur Verantwortung gegenüber der Schöpfung.*

Uns Herrgott hett 'n groten Tiergoorn

Unser Herrgott hat einen großen Tiergarten – *scherzhafter Kommentar über auffällige Menschen.*

Uns Herrgott weet allens, man nich, wat in de Wust is

Unser Herrgott weiß alles, nur nicht, was in der Wurst ist – *Scherz über Gottes Allwissenheit, aber auch über die Unzuverlässigkeit des Menschen.*

Wat de leve Gott natt maakt, dat maakt he ook wedder dröög
Was der liebe Gott naß macht, das macht er auch wieder trocken – *Aufforderung zur Geduld.*

Wat een sülvst kann, schall 'n vun uns Herrgott nich verlangen
Was man selbst kann, soll man von unserem Herrgott nicht verlangen – *Mahnung, fremde Hilfe nur dann in Anspruch zu nehmen, wenn Eigenhilfe versagt.*

Wenn Gott will, bleiht 'n Bessensteel
Wenn Gott will, blüht ein Besenstiel – *Bild für Gottes Allmacht.*

De Höll is nich so hitt, as de Papen ehr maakt
Die Hölle ist nicht so heiß, wie die Pfaffen sie darstellen – *Beruhigung; vergleichbar: es wird alles nicht so heiß gegessen, wie es gekocht wird.*

De den Düvel to'n Fründ hett, kann licht in de Höll kamen
Wer den Teufel zum Freund hat, kann leicht in die Hölle kommen – *wer mächtige Gönner hat, kann wohl vorwärts kommen.*

De Düvel schitt jümmers op den gröttsten Dutt
Der Teufel scheißt immer auf den größten Haufen – *meistens neidisch bei einem unvergönnten Gewinn.*

De mit den Düvel speelt, mutt Füür in't Muul hebben

Wer mit dem Teufel spielt, muß Feuer im Mund haben – *Warnung, es nicht mit einem Gegner aufzunehmen, dem man nicht gewachsen ist.*

Liggt de Korten op'n Disch, sitt de Düvel mittenmank

Liegen die Karten auf dem Tisch, sitzt der Teufel mittendrin – *der Spielteufel; vergleiche »Düvels Gesangbook« für ein Spiel Karten.*

Twüschen twölv un een sünd de Düvels op de Been

Zwischen zwölf Uhr und eins sind die Teufel auf den Beinen – *Geisterstunde.*

Wat de Düvel nich lesen kann, dat sleit he över

Was der Teufel nicht lesen kann, das überschlägt er – *wenn jemand die Wahrheit nicht hören will.*

Wenn een vun'n Düvel snackt, is he nich wiet

Wenn man vom Teufel spricht, ist er nicht weit – *auch als Begrüßungsformel, wenn jemand erscheint, über den gerade gesprochen wurde.*

Wenn de Düvel oolt warrt, lehrt he dat Beden

Wenn der Teufel alt wird, lernt er das Beten – *über einen schlechten Menschen, der im Alter fromm wird und bereut.*

Wenn de Düvel op Reisen geiht, lett he sien Peerfoot tohuus

Wenn der Teufel auf Reisen geht, läßt er seinen Pferde-fuß zuhause – *Warnung, daß man schlechte Menschen nicht auf den ersten Blick erkennt.*

Wenn een Düvel weg is, steiht al 'n anner vör de Döör

Wenn ein Teufel weg ist, steht schon ein anderer vor der Tür – *bei einer Pechsträhne; auch als Begrüßungsfor-mel.*

Wo Geld is, is de Düvel eenmaal; wo nix is, is he tweemaal

Wo Geld ist, ist der Teufel einmal, wo keines ist, ist er zweimal – *Not führt zu Verrohung und Kriminalität.*

Glück und Unglück

'n Schuuvkoor vull Glück helpt beter as 'n Wagen vull Verstand

Eine Schiebkarre voller Glück hilft mehr als ein Wagen voller Verstand – *etwa, wenn man den Erfolg eines Drit-ten für unverdient hält.*

Dat Glück, dat 'n söcht, is nich jümmers dat Glück, dat 'n findt

Das Glück, das man sucht, ist nicht immer das Glück, das man findet – *vergleichbar: Der Mensch denkt und Gott lenkt.*

De dat Glück man hett, geiht mit de Bruut to Bett

Wer das Glück nur hat, geht mit der Braut ins Bett – *etwa über jemanden, dessen Erfolg man für unverdient hält.*

Glück hebbt de Gottlosen, de achtern in de Kark slaapt

Glück haben die Gottlosen, die hinten in der Kirche schlafen – *Scherz über die Unberechenbarkeit des Glücks; vergleiche Psalm 127, 2: ... denn seinen Freunden gibt er es im Schlaf.*

Glück un Noot, de gaht ehren Gang as Ebb un Floot

Glück und Not gehen ihren Gang wie Ebbe und Flut – *als Warnung, wenn jemand eine positive Entwicklung für unbegrenzt hält; oder als Trost in einer Notlage.*

Glück will Tiet hebben

Glück will Zeit haben – *Aufmunterung, Geduld zu zeigen.*

Wenn dat Glück dat will, kalvt de Oss

Wenn das Glück es will, dann kalbt der Ochse – *Verwunderung über die Unberechenbarkeit des Glücks.*

Wenn 't Glück regent, sünd mien Pütt umstülpt

Wenn es Glück regnet, sind meine Töpfe umgestülpt – *Selbstmitleid eines Glücklosen.*

Wenn dat Glück to't Moorslock rin will, denn helpt keen Dichtkniepen

Wenn das Glück zum Hintern hinein will, dann hilft kein Zukneifen – *Entgegnung eines Glückspilzes auf einen Neider.*

'n Sack vull Segen is ook swoor to dregen

Ein Sack voller Segen ist auch schwer zu tragen – *etwa als ironische Kritik an jemandem, der klagt, obwohl es das Glück gut mit ihm meint.*

Dat een Unglück kann dat anner nich aftöven

Das eine Unglück kann das nächste nicht abwarten – *bei einer Pechsträhne.*

Jeedeen Unglück söcht sien Broder

Jedes Unglück sucht seinen Bruder – *ein Unglück kommt selten allein.*

Unglück is 'n gewaltigen Schoolmeister

Unglück ist ein großer Lehrer – *wenn jemand durch einen Schicksalsschlag sein Verhalten ändert.*

Wenn een Unglück kümmt, höllt noch 'n ganzen Wagen vör de Döör

Wenn ein Unglück eintritt, hält noch ein ganzer Wagen voll vor der Tür – *bei einer Verkettung mißlicher Ereignisse.*

Leben und Tod, Alter und Krankheit

'n Leven in de Welt is as 'n olen Hoot, de bavenvull Lüüs sitt
Leben in der Welt ist wie ein alter Hut, der bis oben hin voller Läuse sitzt – *vergleichbar: Das Leben ist eines der schwersten.*

Arm un riek, de Dood maakt uns gliek
Arm und reich, der Tod macht uns gleich – *vergleichbar: Das letzte Hemd hat keine Taschen.*

Beter mit warme Hand as mit kole Hand
Besser mit warmer Hand als mit kalter Hand – *wenn jemand es vorzieht, sein Hab und Gut zu Lebzeiten an seine Erben weiterzugeben.*

Dat beste Mittel, oolt to warrn, is, nich so fröh dootblieven
Das beste Mittel, um alt zu werden, ist, nicht so früh zu sterben – *Scherz über das Älterwerden.*

Dat Bett tehrt
Das Bett zehrt – *zu oder von jemandem, der vom Krankenlager geschwächt ist.*

Dat Öller kümmt as 'n Deev in de Nacht
Das Alter kommt wie ein Dieb in der Nacht – *man wird alt, ohne es zu merken.*

De beste Krankheit döggt nix
Die beste Krankheit taugt nichts – *Abschluß eines Gesprächs über Krankheiten.*

De een starvt, de anner arvt
Der eine stirbt, der andere erbt – *wenn des einen Unglück des anderen Glück ist.*

De lang leevt, de warrt ook oolt
Wer lange lebt, der wird auch alt – *scherzhafte Entgegnung im Gespräch über das hohe Alter eines Menschen.*

De Minsch is keen Stevel; wenn he op is, is he op
Der Mensch ist kein Stiefel; wenn er verschlissen ist, ist er verschlissen – *wenn jemand über Altersbeschwerden klagt.*

De nich oolt warrn will, mutt fröh starven
Wer nicht alt werden will, muß früh sterben – *Spott, wenn jemand über das Älterwerden klagt.*

Den een sien Dood is den annern sien Broot
Des einen Tod ist des anderen Brot – *wenn jemand durch Nachteile eines anderen Vorteile hat.*

Den eersten sien Dood, den tweten sien Noot, den drütten sien Broot
Des ersten Tod, des zweiten Not, des dritten Brot – *über eine Betriebsgründung; früher speziell über Moorkolonisatoren, die erst in der dritten Generation ein erträgliches Auskommen fanden.*

Een Dood kann de Minsch man starven
Einen Tod kann der Mensch nur sterben – *spöttische Abfuhr auf eine übertriebene Warnung.*

Een Minsch leevt, de anner warrt bloots öller
Ein Mensch lebt, der andere wird nur älter – *Ermunterung, das Leben zu genießen.*

Een mutt dat vun de Lebennigen nehmen, vun de Doden is nix to halen
Man muß es von den Lebenden nehmen, von den Toten ist nichts zu holen – *Rechtfertigung hoher Geldforderungen.*

Een mutt sik nich uttrecken, ehr 'n na't Bett geiht
Man soll sich nicht ausziehen, bevor man ins Bett geht – *warnt vor Übertragung des Vermögens an die Erben vor dem Tod.*

Glücklich de Mann, de noch na sien Dood goot doon kann
Glücklich ist der Mann, der noch nach dem Tod Gutes tun kann – *durch Erbschaft oder Stiftung.*

Keen dat in't Öller warm hebben will, mutt in de Jöögd 'n Aven boon
Wer es im Alter warm haben will, muß in der Jugend einen Ofen bauen – *Rat, rechtzeitig für das Alter vorzusorgen.*

Krankheit kümmt to Peerd un geiht to Foot
Krankheit kommt zu Pferde und geht zu Fuß – *ruft zur Geduld bei der Genesung auf.*

Oolt warrn is fein, oolt ween is nich schöön
Alt werden ist schön, alt sein ist nicht schön – *vergleichbar: Alt möchte jeder gern werden, aber alt sein mag niemand auf Erden.*

Op de Welt un vun de Welt, dat kost Geld
Geboren werden und sterben, das kostet Geld – *Klage, besonders über Beerdigungskosten.*

Solang dat Dootblieven Mood is, is een sik siendaag nich seker
Solange das Sterben üblich ist, ist man sich niemals sicher – *Spott über einen Ängstlichen.*

Starven un Heiraden geiht nich na 't Öller
Sterben und Heiraten gehen nicht nach dem Alter – *bei frühem Tod oder später Heirat.*

Ümsünst is de Dood, man de kost dat Leven
Umsonst ist der Tod, aber der kostet das Leben – *Abfuhr, wenn jemand etwas unentgeltlich haben will.*

Wat so kamen is, geiht ook so wedder weg
Was so gekommen ist, geht auch so wieder weg – *wenn ein Kranker ärztliche Hilfe oder Medikamente ablehnt.*

Wenn de Tiet dor is, denn helpt keen Dokter un Afteker
Wenn die Zeit gekommen ist, dann hilft kein Arzt und Apotheker – *Trost oder Kommentar, wenn jemand gestorben ist oder im Sterben liegt.*

Mann und Frau, Ehe und Liebe

'n Bruut söcht 'n sik in'n Stall un nich op 'n Ball
Eine Braut sucht man sich im Stall und nicht auf einem Ball – *Ermahnung, bei der Partnerwahl auf Alltagstaug-lichkeit zu achten.*

Ahn Leev vergnegelt dat Hart
Ohne Liebe verkümmert das Herz – *wenn jemand sauertöpfisch ist.*

An 'n gollen Angelhaken bitt jümmers wat an
Auf einen goldenen Angelhaken beißt immer etwas – *etwa bei Neid auf eine »gute Partie«.*

De Leev fallt jüst so op 'n Rosenblatt as op Kohschiet
Die Liebe fällt genauso auf ein Rosenblatt wie auf einen Kuhfladen – *zur Erklärung einer Mesalliance.*

Een Mann ahn Fro is as 'n Schipp ahn Stüür
Ein Mann ohne Frau ist wie ein Schiff ohne Steuer – *bedient das Klischee, daß Männer erst durch die Ehe den richtigen Weg finden.*

Heiraden hett 'n schöön Gesicht, man is 'n düür Geschicht
Heiraten hat ein schönes Gesicht, ist aber eine teure Geschichte – *über die Kosten einer Hochzeitsfeier.*

20

Kaffe un Leev sünd hitt an'n besten

Kaffee und Liebe sind heiß am besten – *wenn jemand zu lange wartet.*

Mann un Fro sünd een Liev, man nich een Magen

Mann und Frau sind ein Leib, aber nicht ein Magen – *Eheleute bleiben in Meinungen und Vorlieben Individuen.*

To't Freen is noch nüms to laat kamen

Zum Heiraten ist noch niemand zu spät gekommen – *Mahnung zur Geduld.*

Twee Wiever un 'n Goos maakt 'n Markt

Zwei Frauen und eine Gans machen einen Markt – *bezieht sich wohl auf das Klischee, daß schon zwei Frauen soviel schnattern, daß eine Marktatmosphäre entsteht.*

Vör de Hochtiet un na de Hochtiet is tweerlei

Vor der Hochzeit und nach der Hochzeit ist zweierlei – *weil sich die Ehe im Alltag bewähren muß.*

Wenn Froonslüüd sik draapt, mööt se sik bekieken, un Hunnen mööt sik berüken

Wenn Frauen sich treffen, müssen sie sich begutachten, und Hunde müssen sich beriechen – *spiegelt, aus männlicher Sicht, das Vorurteil, daß Frauen Äußerlichkeiten überbewerten.*

Wo de Armoot rinkrüppt, krüppt de Leev ruut

Wo die Armut hineinkriecht, kriecht die Liebe hinaus – *Armut führt zu zwischenmenschlicher Verrohung.*

Wo 't nienich dunnert, dor is ook nienich fein Wedder

Wo es niemals donnert, da ist auch niemals gutes Wetter – *spiegelt die Ansicht, daß Konflikte wie Naturereignisse zum Zusammenleben, besonders in der Ehe, gehören.*

Eltern und Kinder

As de Olen sungen, so piepen de Jungen

Wie die Alten sangen, so pfeifen die Jungen – *etwa, wenn man eine Meinung oder Angewohnheit als von den Vorfahren übernommen ansieht.*

Beter, dat Kind sleit na den Vadder, as de Vadder na dat Kind

Besser, das Kind ähnelt dem Vater, als daß der Vater nach dem Kind schlägt – *Wortspiel mit ›slaan‹ gleich ›ähneln, nacharten‹ und ›schlagen‹.*

Beter, dat Kind sleit na sien Vadder as na 'n Naver

Besser, das Kind ähnelt dem Vater als dem Nachbarn – *Scherz, wenn bei einem Kleinkind nach Ähnlichkeiten mit Vater und Mutter gesucht wird.*

Dat eerst Kind kümmt mitünner 'n beten to fröh, man dat kümmt later nich wedder vör

Das erste Kind kommt manchmal etwas zu früh, aber das kommt später nicht wieder vor – *Anspielung auf voreheliche Geschlechtsverkehr.*

Dat is 'n Freid för de Kinner, wenn de Öllern sik goot schickt

Es ist eine Freude für die Kinder, wenn die Eltern gut parieren – *wenn Kinder ihren Eltern auf der Nase herumtanzen.*

Een Vadder kann beter söven Jungs fodern as söven Jungs een Vadder

Ein Vater kann besser sieben Jungen sattmachen als sieben Jungen einen Vater – *wenn erwachsene Kinder sich der Unterstützung der Eltern entziehen.*

Jöögd hett keen Döögd

Jugend hat keine Tugend – *beliebtes altkluges Argument im Generationenkonflikt.*

Kinner un ole Lüüd seggt de Wohrheit

Kinder und alte Leute sagen die Wahrheit – *wohl, weil sie entweder die Notwendigkeit noch nicht oder nicht mehr sehen, oder sie zum Lügen schlicht nicht in der Lage sind.*

Kinner mit 'n Willen kriegt wat op de Billen

Kinder mit einem Willen bekommen etwas auf die Pobacken – *Warnung an unartige Kinder. Heute meist: ...* kriegt wat op de Brillen.

Lütte Kinner un ole Lüüd mööt ehrn Willen hebben

Kleine Kinder und alte Leute müssen ihren Willen haben – *Anspielung auf die jeweils altersbedingte Bockig- oder Halsstarrigkeit.*

Oort lett nich vun Oort un Speck nich vun de Swoort
Art läßt nicht von Art und Speck nicht von der Schwarte – *bei der Vermutung, daß sich Eigenschaften von Eltern auf Kinder übertragen haben.*

Sünndags hinkt keen Jung
Sonntags hinkt kein Junge – *wenn es ums Feiern geht, ist niemand krank.*

Wat jung is, dat speelt; wat oolt is, dat nöölt
Was jung ist, das spielt; was alt ist, das nörgelt – *über alte, unzufriedene Menschen.*

Wat de Mudder bet an't Hart geiht, geiht den Vadder nich maal bet an't Knee
Was der Mutter bis ans Herz geht, geht dem Vater nicht einmal bis ans Knie – *über den unterschiedlichen Grad der elterlichen Zuneigung und des Mitgefühls.*

Wat de Olen singt in de Kaat, singt de Kinner op de Straat
Was die Alten singen in der Kate, singen die Kinder auf der Straße – *wenn Kinder etwas öffentlich ausplaudern, was die Eltern im Privaten gesagt haben.*

Tugend und Fehler

Allmanns Fründ is allmanns Geck
Aller Leute Freund ist vieler Leute Narr – *Warnung, sich nicht ausnutzen zu lassen.*

As de Mann warrt de Wust braadt

Wie der Mann ist, so wird ihm die Wurst gebraten – *etwa als Rechtfertigung dafür, daß jemand, der barsch auftritt, eine ebensolche Abfuhr erhält.*

Dat is de Mann, de sik helpen kann

Das ist der rechte Mann, der sich zu helfen weiß – *Anerkennung einer unkonventionellen Lösung.*

De Driesten höört de halve Welt

Den Wagemutigen gehört die halbe Welt – *durchaus anerkennend gemeint.*

De Lust hett to hanneln, de hett ook Lust to bedregen

Wer Lust hat zu handeln, hat auch Lust zu betrügen – *unterstellt man etwa dem Partner, wenn man keinen Preisnachlaß gewähren will.*

De sik morgens wat inbilden deit, is den ganzen Dag wat

Wer sich morgens etwas einbildet, ist den ganzen Tag etwas *zu oder von einem Wichtigtuer.*

De sik nich to helpen weet, is nich weert, dat he in Verlegenheit kümmt

Wer sich nicht zu helfen weiß, ist nicht wert, daß er in Verlegenheit kommt – *Kommentar zu einer verblüffenden Lösung.*

Een Minsch, de nich lachen kann, geiht in den Düvel sien Schatten

Ein Mensch, der nicht lachen kann, geht im Schatten des Teufels – *Unbehagen gegenüber grüblerischen Naturen.*

Geduld is 'n goot Kruut, dat wasst man nich in jeedeen Hoff

Geduld ist ein gutes Kraut, es wächst aber nicht in jedem Garten – *ist nicht jedermanns Sache.*

In 'n Undöögt sitt nix in as 'n Buuk vull warme Wust

In einem Taugenichts sitzt nichts außer einem Bauch voller warmer Würste – *Kritik an Menschen, denen es allein um ihr Wohlleben geht.*

Keen licht glöövt, warrt licht bedragen

Wer leichtgläubig ist, wird leicht betrogen – *zu oder von einem arglosen Menschen.*

Keen sik sülvst to'n Pannkoken maakt, warrt dorför opeten

Wer sich selbst zum Pfannkuchen macht, wird dafür aufgegessen – *Warnung, sich nicht unter Wert zu verkaufen.*

Keen sülvst nix döggt, troot ook de annern nich

Wer selbst nichts taugt, traut auch den anderen nicht – *über einen mißtrauischen Menschen.*

Mennicheen hangt dat Geweten an de Wand

Manch einer hängt sein Gewissen an die Wand – *über einen gewissenlosen Menschen.*

Op sik holen kost keen Geld

Auf sich halten kostet kein Geld – *etwa als Entgegnung auf ein Kompliment; oder als Kritik an einem Dritten.*

Pack sleit sik, Pack eit sik

Pack schlägt sich, Pack streichelt sich – *abschätziger Kommentar, wenn zwei Menschen oder Parteien sich aus unerfindlichen Gründen ebenso schnell vertragen, wie sie sich entzweien.*

Stank för Dank

Ärger statt Dank – *vergleichbar: Undank ist der Welt Lohn.*

Sülvst is 'n goot Kruut, man dat wasst nich in allemanns Goorn

Selbst ist ein gutes Kraut, aber es wächst nicht in jedermanns Garten – *Selbständigkeit ist nicht jedermanns Sache.*

Wenn 'n Pisspott to'n Bradenpott warrt, denn stinkt dat

Wenn ein Nachttopf zum Bratentopf wird, dann stinkt es – *wenn plötzlicher Reichtum oder Machtgewinn den Charakter eines Menschen verschlechtern.*

Wenn 'n sülvst nich hangen will, mutt woll de Hund de Wust klaut hebben

Wenn man selbst nicht hängen will, muß wohl der Hund die Wurst gestohlen haben – *wenn einer dem anderen die Schuld zuschiebt.*

Wo de een mit wuschen is, is de anner mit afdröögt

Womit der eine gewaschen ist, damit is der andere abgetrocknet – *über zwei Personen, die gleich durchtrieben oder schlecht sind.*

Dummheit und Klugheit

’n sitten Gatt bedenkt sik wat
Ein sitzender Hintern neigt zum Nachdenken – *über Geistesarbeiter, besonders wenn man den Nutzen des Erdachten bezweifelt.*

De dat Hexen lehrt hett, för den is dat keen Kunst
Wer es gelernt hat zu hexen, für den ist es keine Kunst – *etwa auf den Vorwurf, eine Arbeit sei doch ganz leicht ausführbar.*

De Dummen kaamt beter dör de Welt
Die Dummen kommen besser durch die Welt – *oft aus Selbstmitleid; vergleiche Matthäus 5, 3: Selig sind, die da geistlich arm sind; denn das Himmelreich ist ihr.*

De geern danzt, den is licht wat vörfiedelt
Wer gern tanzt, dem ist leicht etwas vorgegeigt – *wenn jemand es mit den Begleitumständen nicht so genau nimmt, weil er in etwas vernarrt ist.*

De Minsch warrt jümmers to fröh oolt, man to laat klook
Der Mensch wird immer zu früh alt, aber zu spät klug – *über gemachte Fehler.*

De wat lehrt hett un behöllt dat, de hett wat Egenes
Wer etwas gelernt hat und es behält, hat etwas Eigenes – *Lob auf Bildung und Ausbildung.*

28

Dor warrt orig Dumme utseit, un de Dummen loopt jümmers an'n besten op

Es werden viel Dumme ausgesät, und die Dummen laufen immer am besten auf – *als Entgegnung, wenn man mit der Mehrheitsmeinung nicht einverstanden ist.*

Dör Schaden warrt 'n klook, aver nich riek

Durch Schaden wird man klug, aber nicht reich – *spöttischer Zweifel am Nutzen des bekannten Sprichworts.*

Dree Dumme maakt een Kloken riek

Drei Dumme machen einen Klugen reich – *Spott, wenn jemand sich hat übervorteilen lassen.*

Een warrt so oolt as 'n Koh un lehrt doch jümmers noch dorto

Man wird so alt wie eine Kuh und lernt doch immer noch dazu – *Entgegnung auf eine Belehrung.*

Je dummer de Keerl, je grötter dat Amt

Je dümmer der Kerl, desto größer das Amt – *als Pauschalurteil, wenn man mit der Entscheidung eines Amtsträgers oder Vorgesetzten nicht einverstanden ist.*

Jeedeen Minsch hett sien dumme Stünn

Jeder Mensch hat seine dumme Stunde – *wohlwollende Erklärung eines an sich unerklärlichen Fehlverhaltens.*

Keen Narr is so dumm, he findt een, de em för klook höllt

Kein Narr ist so dumm, er findet jemanden, der ihn für klug hält – *Lamento über die Unbegrenztheit der menschlichen Dummheit.*

Narren sünd ook Minschen

Narren sind auch Menschen – *Aufruf zur Toleranz; oft auch als Antwort auf die Begrüßung mit* »Na!?«.

Överklook is slimmer as tumpig

Überklug ist schlimmer als beschränkt – *intellektuellenkritisches Lob des Mittelmaßes.*

Wenn een dat kriegen deit, denn kriggt he dat toeerst in'n Kopp

Wenn es einen überkommt, dann überkommt es ihn zuerst im Kopf – *Zweifel an der Zurechnungsfähigkeit einer Person oder Unverständnis über eine einzelne seiner Entscheidungen.*

Wenn de Dummen to Markt kaamt, hebbt de Kloken Geld

Wenn die Dummen auf den Markt kommen, haben die Klugen Geld – *etwa, wenn man jemanden damit aufziehen will, daß er sich hat übers Ohr hauen lassen.*

Wenn de Minsch nich so dumm weer, sehg dat in de Welt ook 'n beten anners ut

Wenn der Mensch nicht so dumm wäre, sähe es in der Welt auch ein wenig anders aus – *Klage über die Unvernunft.*

Reden und Schweigen

Dat Füür mutt binnen 't Dack blieven

Das Feuer muß unter dem Dach bleiben – *warnt davor, Familienstreitigkeiten nach außen zu tragen.*

Dat Sludern vun de Lüüd höllt mennigeen op 'n goden Padd

Das Gerede der Leute hält manchen auf dem guten Weg – *aus Angst vor der sozialen Ächtung.*

De goot in't Holt rinröppt, kriggt goot Antwoort

Wer gut in den Wald hineinruft, erhält gute Antwort – *Freundliches wird mit Freundlichem vergolten.*

De op 'n Markt singt, den bellt de Hund in't Leed

Wer auf dem Markt singt, dem bellt der Hund ins Lied – *wenn jemand sich über öffentliche Kritik beklagt.*

De Paster predigt nich tweemaal

Der Pastor predigt nicht zweimal – *Abfuhr an jemanden, der nachfragt.*

De veel fraagt, kriggt veel Antwoort

Wer viel fragt, bekommt viele Antworten – *Ermahnung zur Selbstentschließung.*

De veel fraagt, warrt wies

Wer viel fragt, wird weise – *besonders zu Kindern. (Oft mit dem Zusatz: ... de lang leevt, warrt gries.)*

Do, wat du wullt, de Lüüd snackt doch

Tu, was du willst, die Leute reden doch – *Ermunterung, sich nicht vom Gerede anderer beeinflussen zu lassen.*

Een kann jüst so goot Water op 'n graue Goos geten as 'n dunen Keerl utschimpen

Man kann genausogut Wasser auf eine graue Gans gießen wie einen betrunkenen Mann ausschimpfen – *die Gans wird nicht weiß, der Mann nicht vernünftig.*

Een mutt de Lüüd snacken laten, de Göös köönt dat nich

Man muß die Leute reden lassen, die Gänse können es nicht – *etwa als Trost für jemanden, über den geklatscht wird.*

Gegen grote Herrn mutt 'n swiegen oder ›ja‹ seggen

Gegenüber großen Herren muß man schweigen oder ihnen zustimmen – *da sie sowieso Recht behalten.*

Mit Fragen kümmt 'n dör de hele Welt

Mit Fragen kommt man durch die ganze Welt – *Zuspruch, besonders zu Kindern.*

Snacken köönt wi all, man Doon is 'n Ding

Reden können wir alle, aber auf das Tun kommt es an – *zu oder von einem Maulhelden.*

Soveel Ruten, soveel Snuten

Soviel Fenster, soviel Schnauzen – *unterstellt, hinter jedem Fenster verbirgt sich ein möglicher Gaffer, der das Gesehene weiterklatschen wird.*

Spraken Woort kann 'n nich wedder infangen

Ein ausgesprochenes Wort kann man nicht wieder einfangen – *Warnung vor unbedachten Äußerungen; auch Reue über Gesagtes.*

Tweemaal seggen köst Geld

Zweimal sagen kostet Geld – *Abfuhr, wenn jemand nachfragt.*

Angeben und Prahlen

De lang hett, lett lang hangen

Wer lang hat, läßt lang hängen – *zu oder von einem Prahlhans. (Auch mit dem Zusatz: ... un de noch länger hett, lett slepen.)*

De mutt keen gode Navers hebben, de sik sülvst loovt

Derjenige muß keine guten Nachbarn haben, der sich selbst lobt – *vergleichbar: Eigenlob stinkt.*

De sien Huus verköpen will, maalt den Gevel an

Wer sein Haus verkaufen will, malt den Giebel an – *auch von einer Frau, die sich schminkt.*

Den Pucher geiht dat as den Kukuuk: he röppt sien egen Naam

Dem Angeber geht es wie dem Kuckuck: er ruft seinen eigenen Namen – *wenn jemand zu oft das Wort ›ich‹ benutzt.*

Dor is veel Wind op de Welt
Es gibt viel Wind auf der Welt – *viel Angeberei.*

Gegen 'n hitten Backaven kann 'n nich anjappen
Gegen einen heißen Backofen kann man nicht angähnen – *gegen einen Großkotz ist es schwer anzukommen.*

Gegen 'n Koor Mest kann 'n nich gegenanstinken
Gegen eine Karre Mist kann man nicht anstinken – *bei Kapitulation vor einer Übermacht, einem Angeber oder übler Nachrede.*

Groot Gedo un tweie Schoh
Großes Getue und kaputte Schuhe – *über ein Großmaul.*

Överall geiht de Sünn morgens op
Überall geht die Sonne morgens auf – *als Abfuhr, wenn jemand von der Fremde prahlt.*

Prahlen is keen Geld
Angeben ist kein Geld – *zeigt die Skepsis gegenüber einem Großtuer.*

Puchen un Prahlen fix, man achter de Bless is nix
Mit Angeben und Prahlen schnell, aber hinter der Stirn ist nichts – *über einen hirnlosen Aufschneider.*

Lüge und Wahrheit

De Lögenbuck mutt 'n goot Gedächtnis hebben
Wer lügt, muß ein gutes Gedächtnis haben – *um sich nicht im eigenen Lügengespinst zu verstricken.*

De nix fraagt, warrt ook nich anlagen
Wer nichts fragt, wird auch nicht angelogen – *etwa als scherzhafte Antwort auf die Frage »Warum fragst du denn nicht?«*

De Wohrheit geiht nich mit de Sünn ünner
Die Wahrheit geht nicht mit der Sonne unter – *als rhetorische Floskel in einer Auseinandersetzung.*

De veel snackt, mutt veel weten oder lögen
Wer viel redet, muß viel wissen oder lügen – *Warnung vor einem Schwätzer.*

Dor warrt narms mehr lagen, as wo snackt warrt
Es wird nirgends mehr gelogen als dort, wo gesprochen wird – *wenn jemand lügt oder aufschneidet.*

Lögen un schietige Wäsch wasst an'n gausten to 'n groten Hümpel
Lügen und schmutzige Wäsche wachsen am schnellsten zu einem großen Haufen – *eine Lüge zieht andere nach sich.*

Op 'n Karkhoff sünd de meisten Lögen to finnen

Auf dem Kirchhof sind die meisten Lügen zu finden – *denn am Grab und auf Grabinschriften sagt man über Tote nichts Schlechtes; vergleiche: De mortuis nil nisi bene.*

Politik is anners seggen as doon

Politik ist anders reden als tun – *unterstellt, daß politische Arbeit den Charakter verdirbt.*

Wo de Wohrheit nich is, kann de Tung ehr nich maken

Wo die Wahrheit nicht ist, kann die Zunge sie nicht machen – *Warnung, nicht auf einen Schönredner hereinzufallen.*

Wohrheit blifft Wohrheit, solang de Wind weiht un de Hahn kreiht

Wahrheit bleibt Wahrheit, solange der Wind weht und der Hahn kräht – *von einem Rechthaber.*

Rat und Weisung

'n goden Raat kümmt nie to laat

Ein guter Rat kommt nie zu spät – *so ist es!*

Ach un Weh treckt den Wagen nich

Ächzen und Wehklagen ziehen den Wagen nicht – *Mahnung, nicht im Jammern zu versinken.*

Anholen deit kriegen
Nicht nachlassen führt zum Ziel – *Aufmunterung zur Beharrlichkeit.*

Beter dreemaal lachen as eenmaal na'n Dokter
Besser dreimal lachen als einmal zum Arzt – *vergleichbar: Lachen ist gesund.*

Beter tweemaal meten as eenmaal vergeten
Besser zweimal messen als einmal vergessen – *Begründung sorgfältiger Planung.*

De Botter op 'n Kopp hett, mutt nich in de Sünn gahn stahn
Wer Butter auf dem Kopf hat, soll sich nicht in die Sonne stellen – *über jemanden, der andere kritisiert, obwohl er selbst nicht ohne Fehler ist.*

De den Brie anröhrt hett, mutt em ook utlepeln
Wer den Brei angerührt hat, muß ihn auch auslöffeln – *wenn jemand seine Verantwortung nicht übernehmen will.*

De langsaam föhrt, kümmt ook na Stadt
Wer langsam fährt, kommt auch in die Stadt – *Entgegnung, wenn man zur Eile angetrieben wird.*

De nich will dieken, de mutt wieken
Wer nicht deichen will, der muß weichen – *ursprünglich verlor, wer nicht zum Deichunterhalt beitragen konnte oder wollte, sein Wohn- und Besitzrecht. (Auch mit dem Zusatz:... wi sünd brutaal, wi gaht över Lieken.)*

De sien Broot hett, bruukt nich na Amerika üm Botter reisen

Wer sein Brot hat, muß nicht wegen Butter nach Amerika reisen – *ruft zur Genügsamkeit auf; etwa, wenn jemand auswandern will, der im Lande sein Auskommen finden kann.*

De wieder springen will, as de Stock reckt, de fallt in 'n Graven

Wer weiter springen will, als der Stock reicht, der fällt in den Graben – *Warnung, seine Fähigkeiten und Kräfte nicht zu überschätzen.*

Den Steen, den een nich dregen kann, lett een liggen

Den Stein, den man nicht tragen kann, läßt man liegen – *Rat, seine Fähigkeiten nicht zu überschätzen.*

Doon lehrt, verkehrt doon lehrt duppelt

Handeln lehrt; durch falsches Handeln lernt man doppelt – *Aufforderung, eine Sache mit Bedacht zu beginnen; auch Trost für jemanden, der einen Fehler bereits begangen hat.*

Een mutt de Lüüd opslieten, as se sünd

Man muß die Leute verschleißen, wie sie sind – *bei Einsicht, daß es besser ist, sich mit Marotten anderer Menschen zu arrangieren.*

Een schall de Weeg nich köpen, ehr dat Kind maakt is

Man soll die Wiege nicht kaufen, bevor das Kind gemacht ist – *nicht den zweiten Schritt vor dem ersten tun.*

Een mutt den Steen nich wieder smieten, as 'n em wedderhalen kann

Man darf den Stein nicht weiter werfen, als man ihn wiederholen kann – *Warnung vor unverantwortlicher Rede.*

Een mutt sik bücken, wenn een ehrlich dör de Welt will

Man muß sich bücken, wenn man ehrlich durch die Welt will – *der Weg des Ehrlichen ist nicht der leichteste.*

Een mutt sik na sien Bett strecken

Man muß sich nach seinem Bett strecken – *seinen Verhältnissen gemäß leben.*

Fröh ut de Dunen un fröh to Bett, dat maakt gesund, riek, klook un nett

Früh aus den Daunen und früh ins Bett, das macht gesund, reich, klug und nett – *ein Loblied dem Frühaufsteher; vergleiche Benjamin Franklin:* Early to bed and early to rise, makes a man healthy, wealthy, and wise.

Hitt Iesen un Möhlensteen mutt 'n liggenlaten

Heißes Eisen und Mühlsteine muß man liegenlassen – *Mahnung, sich nicht an unlösbaren Aufgaben zu versuchen.*

In fuul Water kann een sik keen Hannen reinwaschen

In schmutzigem Wasser kann man sich die Hände nicht reinwaschen – *Warnung, sich nicht auf eine böse Sache einzulassen.*

Is man nich bloots, schiet dor man hen, dat mutt ook stinken

Es geht nicht nur darum, dort einfach nur hinzuscheißen, es muß auch stinken – *Kommentar zu einer hohen Ausgabe oder einem großen Aufwand.*

Je duller een in'n Schiet röhrt, je duller stinkt dat

Je stärker man im Dreck rührt, desto stärker stinkt es – *Empfehlung, an einer heiklen Sache besser nicht zu rühren; bzw. Kommentar, wenn es getan wurde.*

Jeedeen schraapt sien egen Pott ut

Jeder kratzt seinen eigenen Topf aus – *jeder ist für sich verantwortlich.*

Kakeln is nix, man Eier leggen

Gackern ist nichts, aber Eier legen – *Aufforderung zu handeln statt zu reden.*

Keen goot smeert, de goot föhrt

Wer gut schmiert, der gut fährt – *unterstellt, daß man durch Bestechung besser zum Ziel kommt.*

Keen Muskanten hebben will, de mutt se ook betahlen

Wer Musikanten haben will, der muß sie auch bezahlen – *wenn jemand sich einer finanziellen Verpflichtung entziehen will.*

Keen sik nich vullstuven laten will, mutt ut de Möhl ruutblieven

Wer sich nicht vollstauben lassen will, muß aus der Mühle bleiben – *wenn jemand Vorteile haben, aber Nachteile nicht in Kauf nehmen will.*

Laat di man Tiet is ook 'n Walzer

Laß dir nur Zeit ist auch ein Walzer – *als Erwiderung, wenn man gehetzt oder getrieben werden soll.*

Laat di Tiet un eet Broot dorto, denn warrst oolt

Laß dir Zeit und iß Brot dazu, dann wirst du alt – *zu einem hektischen Menschen.*

Lever goot leven as dat Geld na'n Dokter dregen

Lieber gut leben, als das Geld zum Arzt tragen – *auch als Trinkspruch.*

Nehm di nix vör, denn sleit di nix fehl

Nimm dir nichts vor, dann schlägt dir nichts fehl – *oft auch aus Selbstmitleid, wenn etwas schiefgegangen ist.*

Reisen Lüüd schall 'n nich holen

Reisende Leute soll man nicht aufhalten – *auch Arbeitnehmer, die sich verändern wollen, und Menschen, die ins Unglück laufen, etwa den Freitod suchen.*

Suup di duun un freet di dick un hool dat Muul vun Politik

Besauf dich und friß dich dick und halt das Maul von Politik – *um Stammtischdebatten zu beenden.*

Treck di sülvst bi de Nees, denn fallst nich achteröver

Ziehe dich selbst an der Nase, dann fällst du nicht hintenüber – *wenn jemand die Verantwortung abschieben will.*

Wenn de Wind weiht, mutt ook mahlt warrn

Wenn der Wind weht, muß auch gemahlen werden –
Mahnung, den rechten Zeitpunkt nicht verstreichen zu lassen.

Wohr di vör 'n Blitz, de Dunner deit di nix

Hüte dich vor dem Blitz, der Donner tut dir nichts –
Mahnung, Wesentliches und Unwesentliches zu unterscheiden.

Von Kopf bis Fuß

Een süht woll lang den Arm, man nich lang den Darm

Man sieht wohl am Arm entlang, aber nicht den Darm
entlang – *Warnung, sich nicht von Äußerlichkeiten blenden zu lassen.*

As de Backen, so de Hacken

Wie die Backen, so die Hacken – *unterstellt, wer langsam ißt, arbeitet auch langsam.*

Lange Been köst lange Büxen

Lange Beine kosten lange Hosen – *Spott über einen großen Menschen; auch: ein aufwendiger Lebensstil kostet Geld.*

To 'n harten Boort höört 'n scharp Mess

Zu einem harten Bart gehört ein scharfes Messer –
Rechtfertigung bei grober Behandlung eines Eigensinnigen; vergleichbar: auf einen groben Klotz gehört ein grober Keil.

De eerste Foot ut 't Bett maakt dat Opstahn licht
Der erste Fuß aus dem Bett macht das Aufstehen leicht – *Ermunterung, etwas zu beginnen.*

De nich in't Water löppt, de kriggt keen natte Fööt
Wer nicht ins Wasser läuft, bekommt keine nassen Füße – *über einen Ängstlichen.*

Kole Fööt un norden Wind gifft 'n krusen Büdel un 'n lütten Pint
Kalte Füße und Wind aus Norden lassen Skrotum und Penis schrumpfen – *zu einem Frostkötel.*

Lose Hannen doot nix as Schannen
Unkontrollierte Hände tun nichts als Schande – *etwa zu jemanden, der etwas auseinanderbaut, nur um das Innenleben kennenzulernen.*

'n fröhlich Hart is beter as 'n Schapp vull mit Puulkantüffeln
Ein fröhliches Herz ist besser als ein Schrank voll mit Pellkartoffeln – *Pellkartoffeln als Symbol für Wohlstand.*

Keen Hörns hett, will ook stöten
Wer Hörner hat, will auch stoßen – *wer Macht hat, will sie auch ausüben.*

De sien Knaken verhüürt, hett sien Willen verköfft
Wer seine Knochen vermietet, hat seinen Willen verkauft – *Entgegnung auf Klagen eines Arbeitnehmers.*

De dat nich in'n Kopp hett, mutt dat in de Been hebben

Wer es nicht im Kopf hat, muß es in den Beinen haben – *als Spott, wenn jemand, auch man selbst, wegen Vergeßlichkeit einen überflüssigen Gang machen muß.*

De mit 'n Kopp dör de Muur will, mutt sik nich wunnern, dat he 'n Buul kriggt

Wer mit dem Kopf durch die Wand will, muß sich nicht wundern, daß er eine Beule bekommt – *als Zurechtweisung oder aus Schadenfreude.*

De 'n groten Kopp hett, mutt 'n groten Hoot hebben

Wer einen großen Kopf hat, muß einen großen Hut haben – *als Kritik an Höhergestellten, »Großkopfeten«, die eine Besserstellung als selbstverständlich beanspruchen.*

Lütt un gau is beter as groot un flau

Klein und schnell ist besser als groß und schwach – *etwa, wenn einem Menschen mangelnde Größe vorgehalten wird.*

'n beten Schiet schüürt den Magen

Ein bißchen Erde scheuert den Magen – *wenn jemand über unsauberes Essen mäkelt.*

De Wind weiht woll 'n Sandbarg tohoop, man keen dicken Moors

Der Wind weht wohl einen Sandberg zusammen, aber keinen dicken Hintern – *wenn jemand Ausflüchte sucht für ein Fehlverhalten.*

Keen sik an't Füür den Moors verbrennt, de mutt op Blasen sitten

Wer sich am Feuer den Hintern verbrennt, der muß auf Blasen sitzen – *für eine Schuld oder Dummheit muß man büßen; auch Schadenfreude.*

Keen den Moors utlehnt, mutt dör de Rippen schieten

Wer den Hintern verleiht, muß durch die Rippen scheißen – *warnt vor allzu großer Güte und Freigiebigkeit.*

De nich kümmt, klemmt sik nich den Moors

Wer nicht kommt, klemmt sich nicht das Hinterteil – *scherzhafte Feststellung, wenn erwarteter Besuch ausbleibt.*

De Mund gifft, aver de Hand höllt

Der Mund gibt, aber die Hand hält – *Zweifel, ob einem Versprechen auch die Tat folgt.*

Bitter in'n Mund is för't Hart gesund

Bitter im Mund ist für das Herz gesund – *etwa über eine schlecht schmeckende Medizin.*

De Mund is 'n Schelm, je mehr een em bütt, je mehr nimmt he

Der Mund ist ein Schelm, je mehr man ihm bietet, desto mehr nimmt er – *kann auch eine Rationierung begründen.*

Wenn de Pott leddig is, hett de Mund Fieravend

Wenn der Topf leer ist, hat der Mund Feierabend – *wenn es nichts mehr zu holen gibt.*

'n böös Muul driggt wieder, as de Fööt dregen köönt

Ein böses Maul trägt weiter, als die Füße tragen können – *üble Nachrede verbreitet sich schnell und weit.*

De Unglück hebben schall, fallt op 'n Rüch un brickt sik de Nees

Wer Unglück haben soll, fällt auf den Rücken und
bricht sich die Nase – *über einen Pechvogel.*

Eerst 'n Nees un denn 'n Brill

Erst eine Nase und dann eine Brille – *wenn jemand den
zweiten Schritt vor dem ersten machen will.*

De dat wennt is, kann mit de Nees an 'n Nagel hangen

Wer es gewöhnt ist, kann mit der Nase an einem Nagel
hängen – *über jemanden, der sich mit seinen mißlichen
Lebensumständen eingerichtet hat.*

De sik sülvst de Nees afbitt, schamfeert sien egen Angesicht

Wer sich selbst die Nase abbeißt, verschandelt sein
eigenes Angesicht – *über jemanden, der schlecht über
Familienangehörige redet.*

Ook den König sien Nees is 'n Snottergatt

Auch des Königs Nase ist ein Schleimloch – *über einen
dünkelhaften Menschen.*

De sien Ogen nich opdeit, mutt den Büdel op-doon

Wer die Augen nicht aufhält, muß bezahlen – *meist hä-
misch, wenn jemandem wegen mangelnder Umsicht un-
nötige Ausgaben entstehen.*

Keen in't Füür puust, fleegt de Funken in de Ogen
Wer ins Feuer bläst, dem fliegen Funken in die Augen –
warnt vor Einmischung in einen Streit.

Wat dat Oog nich süht, quält nich dat Hart
Was das Auge nicht sieht, quält das Herz nicht – *vergleichbar: was ich nicht weiß, macht mich nicht heiß.*

'n leddig Fatt maakt de Snuut nich natt
Ein leeres Faß macht den Mund nicht naß – *wenn einem ein Angebot zu niedrig erscheint.*

Von Hut bis Schuh

'n nee'e Büx mutt 'n in de ole verdenen
Eine neue Hose muß man in der alten verdienen –
Mahnung, Altes nicht geringzuschätzen.

De een sleit 'n Nagel in, de anner hangt dor sien Hoot op
Der eine schlägt einen Nagel ein, der andere hängt seinen Hut daran auf – *nicht jeder, der eine Leistung erbringt, hat auch den Nutzen davon; etwa als Urteil über einen »faulen« Erben.*

Kleder maakt Lüüd un Lumpen maakt Lüüs
Kleider machen Leute und Lumpen machen Läuse – *die materiellen Umstände bestimmen das Ansehen eines Menschen.*

Een kickt den Minschen woll op 'n Kragen, man nich in den Magen

Man kuckt den Menschen wohl auf den Kragen, aber nicht in den Magen – *Warnung, sich nicht von Äußerlichkeiten blenden zu lassen.*

Wat goot is för de Küll, is ook goot för de Hitt

Was gut ist gegen die Kälte, ist auch gut gegen die Hitze – *alte Bekleidungsregel, auch im Sommer nicht auf wesentliche Kleidungsstücke zu verzichten.*

Keen de Rock nich passt, treckt em nich an

Wem der Rock nicht paßt, der zieht ihn nicht an – *Rat, nur das zu tun, was man kann.*

Dor höört mehr to't Danzen as 'n Poor Schoh

Es gehört mehr zum Tanzen als ein Paar Schuhe – *materielle Ausstattung ist nicht alles.*

Keen de Schoh passt, de treckt em sik an

Wem der Schuh paßt, der zieht ihn sich an – *wenn jemand eine allgemeine Kritik auf sich bezieht.*

Wenn een de Schoh drückt, mutt 'n Tüffeln antrecken

Wenn einen die Schuhe drücken, muß man Pantoffeln anziehen – *wenn man einer Sache nicht gewachsen ist, soll man nicht klagen, sondern die Konsequenzen ziehen und davon ablassen.*

Jeedeen früst na sien Tüüg

Jeder friert entsprechend seiner Kleidung – *wer es gewohnt ist, mit wenig auszukommen, dem genügt wenig, wer es gewohnt ist, viel zu verbrauchen, kann mit wenig nicht auskommen.*

Nich dat Tüüg maakt den Mann, man de Maneren

Nicht die Kleidung macht den Mann, sondern die Manieren – *Warnung, nicht vom Äußeren auf das Wesen eines Menschen zu schließen.*

Essen und Trinken

'n Glas Wien is beter as 'n Hand vull Schohnagels

Ein Glas Wein ist besser als eine Hand voller Schuhnägel – *Lob des Wohllebens.*

'n goot Fröhstück is beter as 'n Jackvull

Ein gutes Frühstück ist besser als eine Tracht Prugel – *Scherz beim Essen.*

Aal un Stuten gifft smerige Snuten

Aal und Weißbrot geben schmierige Mäuler – *bei einem besonderen Essen.*

Ahn Füür kann 'n keen Pannkoken backen

Ohne Feuer kann man keine Pfannkuchen backen – *ohne Mittel kann man kein Ziel erreichen; auch: Ohne Liebe keine Gemeinschaft.*

Alltoveel smeckt bitter, un wenn 't ook Honnig is

Allzuviel schmeckt bitter, und wenn es auch Honig ist – *wenn jemand im Überfluß trotzdem mäkelt.*

Anner Lüüd Broot smeckt de Kinner as Koken

Anderer Leute Brot schmeckt den Kindern wie Kuchen – *auch, wenn jemand Eigenes nicht zu schätzen weiß.*

Arfen sünd düchtige Dinger, geevt se ook keen Knööv in de Knaken, hoolt se doch de Achterpoort apen

Erbsen sind tüchtige Dinger, geben sie auch keine Kraft, so halten sie doch die Hinterpforte offen – *über die verdauungsfördernde Wirkung dieser Hülsenfrüchte.*

Beter Broot in de Kiep, as 'n Fedder an'n Hoot

Besser Brot in der Kiepe, als eine Feder am Hut – *Nahrung geht vor Putz.*

Bi Eten un Drinken kann 'n oolt warrn

Mit Essen und Trinken kann man alt werden – *Lobspruch bei gutem Essen und Trinken.*

Bookwetenpannkoken un Bookwetengrütt is bi de Arbeit de beste Stütt

Buchweizenpfannkuchen und Buchweizengrütze sind bei der Arbeit die beste Stütze – *als Rechtfertigung für das Armeleute-Essen.*

Broot sleit den Hunger doot

Brot schlägt den Hunger tot – *als Grundnahrungsmittel.*

Dat Geld för Toback un Beer liggt jümmers baven in'n Büdel

Das Geld für Tabak und Bier liegt immer oben im Geldbeutel – *kritisiert leichtfertige Ausgaben für Genußmittel.*

Dat is 'n slechten Keerl, de nich twee Mahltieden op'nanner setten kann

Es ist ein kein rechter Kerl, der nicht zwei Mahlzeiten hintereinander einnehmen kann – *als Scherz, wenn jemand eine Mahlzeit ausschlägt.*

Dat Johr hett veel Daag, man noch mehr Mahltieden

Das Jahr hat viele Tage, aber noch mehr Mahlzeiten – *empfiehlt weise Sparsamkeit nicht nur im Sommer für den Winter, sondern auch in der Jugend für das Alter.*

De all Daag fiert, fraagt nich na 'n Sünndag

Wer jeden Tag feiert, fragt nicht nach dem Sonntag – *Kritik an jemandem, der seine guten Lebensumstände nicht zu würdigen weiß.*

De Gast is as 'n Fisch, he blifft nich lang frisch

Der Gast ist wie ein Fisch, er bleibt nicht lange frisch – *Rat, einen Besuch nicht zu lange auszudehnen.*

De Hunger drifft 't rin, un wenn 't ook Swiensbraden is

Der Hunger treibt es hinein, und wenn es auch Schweinebraten ist – *scherzhaftes Kompliment über gutes Essen.*

De kümmt later, de kriggt Water

Wer später kommt, der bekommt Wasser – *wenn sich jemand mit Resten begnügen muß.*

De nich kümmt to rechte Tiet, de geiht sien Mahltiet quiet

Wer nicht kommt zur rechten Zeit, der geht seiner Mahlzeit verlustig – *Tadel beim Zuspätkommen.*

De veel fritt, de veel schitt

Wer viel frißt, der viel scheißt – *wenn Völlerei Folgen hat; beim Vieh: viel und gut füttern gibt viel Dünger.*

Dor is Tiet to'n Leven un Starven, denn is dor ook Tiet to wat eten

Es ist Zeit da zum Leben und Sterben, dann ist auch Zeit zum Essen da – *etwa als Entgegnung, wenn jemand Arbeitspausen verkürzen will.*

Eier in de Pann, dat gifft woll Koken, aver keen Küken

Eier in der Pfanne, das ergibt wohl Kuchen, aber keine Küken – *Warnung vor vorschnellem Verbrauch.*

Eten, slapen, supen, langsaam gahn un pupen: Dat sleit an

Essen, schlafen, saufen, langsam gehen und furzen: Das setzt an – *bestätigende Aufmunterung bei einer der genannten Tätigkeiten, etwa statt: Guten Appetit!*

Eten un Drinken höllt Lief un Seel bi'neen

Essen und Trinken hält Leib und Seele zusammen – *Rechtfertigung oder Aufforderung, eben jenes zu tun.*

Fett swömmt jümmers baven

Fett schwimmt immer oben – *Gehässigkeit zu einem korpulenten Schwimmer; Leute mit Geld und Beziehungen kommen immer wieder nach ›oben‹.*

Freters warrt nich boorn, de warrt maakt

Fresser werden nicht geboren, sie werden gemacht – *Vorhaltung gegenüber Eltern, die ein schlechtes Vorbild abgeben.*

Frisch Broot un lütt Geld is rief

Frisches Brot und Kleingeld sind schnell verbraucht – *es gibt Menschen, die frisches Brot deshalb vor dem Verzehr erst einige Tage lagern und sich scheuen, einen Geldschein »anzubrechen«.*

Grütt un Klümp bringt wat in de Lümp

Grütze und Klöße füllen die Eingeweide – *das Hohelied auf einfache und preiswerte Ernährung.*

Hungern lehrt lungern

Hungern lehrt lungern – *wenn jemand als Bittsteller auftreten muß.*

In 'n Köömbuddel versuupt mehr Minschen as in't Water

In der Schnapsflasche ertrinken mehr Menschen als im Wasser – *über Alkoholmißbrauch.*

Is de Buuk vull, kann de Oors ook hooch-düütsch

Ist der Bauch voll, kann der Hintern auch hochdeutsch – *Scherz nach einem Furz.*

Is de Kööm in den Mann, is de Verstand in de Kann

Ist der Schnaps im Manne, ist der Verstand in der Kanne – *nüchterne Kritik an einem Betrunkenen.*

Keen dat Letzte ut de Kann licken will, den fallt de Deckel op de Nees

Wer den letzten Rest aus der Kanne lecken will, dem fällt der Deckel auf die Nase – *Warnung vor zu großer Begehrlichkeit: wer alles haben will, bekommt nichts.*

Keen den Buuk vull hett, meent, dat de annern ook satt sünd

Wer den Bauch voll hat, meint, daß die anderen auch satt sind – *wenn ein Wohlhabender sich gegenüber Armen ignorant und hartherzig verhält.*

Knüüst geevt Knööv

Brotenden geben Kraft – *vorgeschobener Grund, um einen Rest schmackhaft zu machen.*

Kööksch un Katt warrt jümmers satt

Köchin und Katze werden immer satt – *unterstellt, beide naschen in der Küche.*

Lang hungern is keen Broot sporen

Lange hungern ist kein Brot sparen – *gibt die Ansicht wieder, daß der Hunger wächst, je länger die Stillung desselben verzögert wird.*

Melk un Broot maakt de Backen root
Milch und Brot machen die Wangen rot – *um diese Speisen schmackhaft zu machen.*

Op 'n vullen Buuk steiht 'n lustigen Kopp
Auf einem gefüllten Bauch sitzt ein fröhlicher Kopf – *aus Zeiten, als der Hunger noch weit verbreitet war.*

Op is satt
Aufgegessen ist satt – *sagt etwa eine Mutter scherzhaft bei zugeteiltem Essen.*

Överall warrt Broot backt
Überall wird Brot gebacken – *Trost für jemanden, der seine Heimat verlassen muß.*

So, as de Gast is, rökert 'n de Bückeln
So, wie der Gast ist, räuchert man die Bücklinge – *nach der Art der Gäste richtet sich die Bewirtung.*

Speck in de Pann, Beer in de Kann, Grütt in't Fatt, dat is wat
Speck in der Pfanne, Bier in der Kanne, Grütze im Faß, das ist was – *zeugte früher von einer guten Versorgungslage.*

Sporen vör den Mund is för Katten un Hund
Sparen vor dem Mund ernährt Katzen und Hunde – *bringt nichts.*

Sülvst eten maakt fett
Selber essen macht fett – *abschlägige Entgegnung, wenn man etwas abgeben soll.*

Veel Supen maakt de Nees dick un den Büdel dünn

Viel Saufen macht die Nase dick und den Geldbeutel dünn – *Anspielung auf die Folgen des Alkoholmißbrauchs.*

Vun Eten un Drinken mutt mennicheen vun leven

Vom Essen und Trinken muß mancher leben – *Scherz bei einem guten Essen.*

Vundaag kaamt wi maal vun't Waterdrinken af

Heute gehen wir einmal vom Wassertrinken ab – *Trinkspruch.*

Wat 'n sülvst itt, smeckt jümmers an'n besten

Was man selbst ißt, schmeckt immer noch am besten – *als scherzhafte Rechtfertigung des Egoismus.*

Wat schall dat slechte Leven

Was soll das schlechte Leben – *etwa als Trinkspruch auf einer Feier; gemeint ist: heute geht es uns gut.*

Water köst nix, man de Döst maakt mennicheen arm

Wasser kostet nichts, aber der Durst macht manchen arm – *Warnung, nicht zu viel Geld für Alkohol auszugeben.*

Wenn dat ümsünst is, smeckt dat an'n besten

Wenn es umsonst ist, schmeckt es am besten – *Kritik an Nassauern.*

Wenn de Schötteln leddig warrt, gifft 't morgen Godet wedder

Wenn die Schüsseln leer werden, gibt es morgen Gutes wieder – *Aufmunterung, tüchtig zu essen, damit am nächsten Tag frisch gekocht wird; häufig auch als Wortspiel zwischen ›Godet wedder‹ und ›godet Wedder‹.*

Wo 'n Bruhuus steiht, kann keen Backhuus stahn

Wo ein Brauhaus steht, kann kein Backhaus stehen – *große Trinker sind in der Regel schlechte Esser.*

Arbeit, Faulheit und Fleiß

'n Handvull Hannel is mitünner beter as 'n Wagen vull Arbeit

Eine Handvoll Handel ist manchmal besser als ein Wagen voller Arbeit – *etwa, wenn man sich eines besonders pfiffigen Geschäfts rühmt.*

Arbeit is goot för Armoot

Arbeit ist gut gegen Armut *unterstellt, daß Armut seine Ursache in der Faulheit hat.*

Arbeit is keen Haas, de löppt nich weg

Arbeit ist kein Hase, sie läuft nicht weg – *etwa als abweisende Antwort auf den Vorwurf, daß man eine Arbeit liegenlasse.*

Armoot kickt den Flietigen woll in't Finster, man se kümmt nich rin

Armut kuckt beim Fleißigen wohl ins Fenster, aber sie tritt nicht ein – *unterstellt, wer arm ist, ist auch faul.*

Avends as de Ulen un morgens as de Fulen

Abends wie die Eulen und morgens wie die Faulen –
Tadel an Menschen, die wegen ihrer nächtlichen Aktivitäten morgens nicht aus dem Bett finden.

Beter de Hand in Schiet op't Feld as in anner Lüüd Büdel un Geld

Besser die Hand im Dreck auf dem Feld als in anderer Leute Beutel und Geld – *spiegelt die Ansicht, daß körperliche Arbeit als »ehrlicher« angesehen wird, als Verdienst durch Geldgewerbe oder Diebstahl.*

Beter natt vun Regen as natt vun Sweet

Besser naß vom Regen als naß vom Schweiß – *Spott eines Faulen über einen Fleißigen.*

De Arbeit is för de Dummen

Die Arbeit ist für die Dummen – *Klage von Menschen, die nur durch Erwerbsarbeit ihr Auskommen haben.*

De Arbeit slitt nich op

Die Arbeit verbraucht sich nicht – *Klage über ständig neue Arbeiten.*

De Dag för Dag sien Arbeit deit, un jümmers op 'n Posten steiht, un deit dat goot un deit dat geern, de dörf sik ook maal amüseren

Wer Tag für Tag seine Arbeit tut, und immer auf dem Posten steht, und tut es gut und tut es gern, der darf sich auch einmal amüsieren – *Rechtfertigung von Lustbarkeiten.*

De Dag is nich an 'n Stock bunnen

Der Tag ist nicht an einen Stock gebunden – *wenn eine Terminplanung umgestoßen, besonders, wenn die Arbeitszeit ausgedehnt wird.*

De Froons ehr Arbeit is behenn, hett woll 'n Anfang, man keen Enn

Frauenarbeit ist behende, hat wohl einen Anfang, aber kein Ende – *bezieht sich auf die althergebrachte Rollenverteilung: Männer machen die zeitlich begrenzte Erwerbsarbeit, Frauen die zeitlich unbegrenzte Hausarbeit.*

De Fule liggt sik doot, de Flietige löppt sik doot

Der Faule liegt sich tot, der Fleißige läuft sich tot – *leichte Kritik an Menschen, die bei der Arbeit das Mittelmaß nicht kennen.*

Den Fulen gaht de Fingers as 'n doot Farken de Steert

Beim Faulen bewegen sich die Finger wie der Schwanz bei einem toten Ferkel – *das Ringelschwänzchen als Bild von Betriebsamkeit.*

Dor is keen Amt so lütt, dat 't nich ook drüppelt

Es ist kein Amt so klein, daß es nicht auch tröpfelt – *unterstellt, daß es etwas einbringt.*

För Fuulheit is Hasselfett de beste Medizin

Gegen Faulheit ist Haselfett die beste Medizin – *meint, Prügel mit einer Haselrute sind ein probates Mittel, Faulheit auszutreiben.*

Goot maken is beter as veel maken

Etwas gut zu machen ist besser als viel zu machen – *wenn jemand schnell, aber flüchtig arbeitet.*

Maandagsgang wohrt nich lang

Montagsgang währt nicht lange – *abergläubische Warnung, eine Arbeitsstelle nicht an einem Montag anzutreten.*

Mit de Arbeit warrt 'n Barg Tiet vertrödelt

Mit der Arbeit wird eine Menge Zeit vertrödelt – *etwa als Spott, wenn jemand über seine Arbeit klagt.*

Morgen is ook noch 'n Dag

Morgen ist auch noch ein Tag – *Begründung, die Arbeit einzustellen, oder Vertröstung.*

Mücken un Fule warrt flietig, wenn de Sünn ünnergahn is

Mücken und Faule werden fleißig, wenn die Sonne untergegangen ist – *Kritik an Leuten, die ohne Grund ihre Arbeitszeit auf den Abend verschieben.*

Na de Arbeit is goot liggen

Nach der Arbeit liegt es sich gut – *vergleiche Prediger 5, 11: Wer arbeitet, dem ist der Schlaf süß.*

Stöhnen is de halve Arbeit

Stöhnen ist die halbe Arbeit – *etwa als abweisende Antwort auf die Frage, warum man stöhnt.*

Sünndagsarbeit bringt keen Segen

Sonntagsarbeit bringt keinen Segen – *als Unterstützung des biblischen sonntäglichen Ruhegebots.*

Unwennt Arbeit sett Quesen

Ungewohnte Arbeit verursacht Blasen – *als wohlwollender Spott bei Klagen über Beschwerden bei körperlicher Arbeit.*

Vundaag daan is morgen verdeent

Heute getan ist morgen verdient – *Entgegnung, wenn jemand eine Arbeit aufschieben will.*

Wat sik veel röögt, dat wasst nich an

Was sich viel bewegt, das wächst nicht an – *Ermunterung zum Fleiß.*

Wenn de Dag is vergahn, harrn de Fulen ook geern wat daan

Wenn der Tag vergangen ist, hätten die Faulen auch gern etwas getan – *Entgegnung auf jemanden, der kommt, wenn die Arbeit getan ist.*

Wenn een doon deit, wat he deit, denn kann he nich mehr doon, as he deit

Wenn jemand tut, was er tut, dann kann er nicht mehr tun, als er tut – *Mahnung, von einem Menschen nicht zu viel zu fordern.*

Wo de Fulen feegt, dor lacht de Ecken

Wo die Faulen fegen, da lachen die Ecken – *weil sie verschont bleiben.*

Von Bauern und anderen Berufen

’n Buur is ’n Buur, is ’n Beest vun Natuur
Ein Bauer ist ein Bauer, ist ein Stück Vieh von Natur –
Vorurteil, daß Bauern ungebildet und grob sind.

’n Buur ahn Geld is ’n Slaav op de Welt
Ein Bauer ohne Geld ist ein Sklave auf der Welt – *weil
er alle Arbeit selbst erledigen muß.*

Beter plögen un düngen as beden un singen
Besser pflügen und düngen als beten und singen – *Aufforderung, tätig zu werden.*

Buur blifft Buur, ook wenn he bet Middag
slöppt
Bauer bleibt Bauer, auch wenn er bis zum Mittag schläft
– *meint, auch wenn er etwa städtische Schlafgewohnhei-
ten annimmt, bleibt er insgesamt doch ein dummer, un-
gehobelter Mensch; auch über Leute, die trotz ihrer Faulheit Glück haben.*

Buur blifft Buur, un wenn he in Botter braadt
warrt
Bauer bleibt Bauer, auch wenn er in Butter gebraten
wird – *auch, wenn er sich gut anzieht und vornehm
gibt.*

Buur warrn, is lichter, as Buur blieven
Bauer zu werden, ist leichter, als Bauer zu bleiben –
etwa, wenn jemand den ererbten Hof durchbringt.

De Buur seit sik oolt un gries, man nich klook un wies

Der Bauer sät sich alt und grau, aber nicht klug und weise – *körperliche Arbeit und intellektuelle Entwicklung gehen nicht Hand in Hand.*

De 'n Buurn bedregen will, mutt 'n Buurn mitbringen

Wer einen Bauern betrügen will, muß einen Bauern mitbringen – *spielt auf die sprichwörtliche Bauernschläue an.*

Dor geiht mennich Perfesser achtern Ploog

Es geht mancher Professor hinter dem Pflug – *Wissen und Bildung finden sich oft auch bei Handarbeitern.*

Hett de Buur Geld, hett dat de ganze Welt

Hat der Bauer Geld, hat es die ganze Welt – *spiegelt die Ansicht, daß durch den Wohlstand der Bauern die Konjunktur angetrieben wird.*

Jeedeen Buur löövt sien egen Botter

Jeder Bauer lobt seine eigene Butter – *bei erkennbarem Eigenlob.*

Wat de Buur nich kennt, dat fritt he nich

Was der Bauer nicht kennt, das frißt er nicht – *auch, wenn jemand Neuerungen aller Art ablehnend gegenübersteht.*

Wenn 'n Buur op Jagd geiht, schütt he sik dat Dack vun't Huus

Wenn ein Bauer auf die Jagd geht, schießt er sich das Dach vom Haus – *wohl, weil dieses Vergnügen Zeit und Geld kostet.*

Wenn dat den Buurn an 'n Büdel geiht, is he kettelig

Wenn es dem Bauern an den Geldbeutel geht, ist er kitzlig – *zu und von Zahlungsunwilligen.*

Wenn de Buur nich mutt, denn röögt he nich Hand un Foot

Wenn der Bauer nicht muß, dann rührt er weder Hand noch Fuß – *als Kritik an jemandem, der nur das tut, was unbedingt notwendig ist.*

Wenn de Buur nich swömmen kann, denn liggt dat an de Badebüx

Wenn der Bauer nicht schwimmen kann, dann liegt es an der Badehose – *etwa als Abfuhr, wenn jemand eine unglaubwürdige Begründung für sein Versagen gibt.*

Wenn 'n dree Buurn ünner een Hoot hebben will, mutt 'n twee doothauen

Wenn man drei Bauern unter einem Hut haben will, muß man zwei totschlagen – *hebt ab auf die nachgesagte Sturheit und Starrköpfigkeit der Landmänner.*

Wo de Lüüd hebbt Striet, wahnt de Afkaat nich wiet

Wo die Leute haben Streit, wohnt der Advokat nicht weit – *beklagt die Unverträglichkeit von Menschen, die den Anwalt nötig macht.*

Afkaten un Wagenrööd, de mööt goot smeert warrn

Advokaten und Wagenräder müssen gut geschmiert werden – *unterstellt der Berufsgruppe der Anwälte, daß sie korrupt sei.*

Dat is beter, mit den Bäcker to eten as mit den Afteker

Es ist besser, mit dem Bäcker zu essen als mit dem Apotheker – *hebt den Wert der Gesundheit hervor.*

Dat is goot för den Bäcker, dat de Backtrog nich snacken kann

Es ist gut für den Bäcker, daß der Backtrog nicht reden kann – *wenn jemand etwas zu verheimlichen hat; unterstellt, daß Bäcker minderwertige Zutaten verwenden.*

Wo de Sünn henkümmt, bruukt de Dokter nich hen

Wo die Sonne hinkommt, muß der Arzt nicht hin – *Bedeutung des Sonnenlichts für die Gesundheit.*

'n goden Fohrmann spoort de Pietsch

Ein guter Fuhrmann spart die Peitsche – *Mahnung, nur zu strafen, wenn es unumgänglich ist.*

De kloke Meister kann vun 'n dummen een wat lehren

Der kluge Meister kann von einem dummen etwas lernen – *Warnung vor Überheblichkeit.*

Muurmannssweet is düür; dor warrt Afkatendint vun maakt

Maurerschweiß ist teuer, daraus wird Advokatentinte hergestellt – *beklagt den hohen Handwerkerlohn, der aber verglichen mit den als überzogen angesehenen Honoraren und Gebühren von Anwälten als günstig erscheint.*

'n goden Schipper seilt woll ook maal gegen 'n Pahl
Ein guter Schiffer segelt wohl auch mal gegen einen Pfahl – *als Entschuldigung, wenn einem tüchtigen Menschen auch einmal ein Mißgeschick passiert.*

De Schooster hett meistiets dat leegste Foottüüg
Der Schuster hat meistens das schlechteste Schuhwerk – *wenn ein Handwerker sein Können im Privatleben nicht einsetzt.*

Geld und Gut und Geiz

'n Mark is 'n Mark, wat di dorför köffst, is 'n Quark
Eine Mark ist eine Mark, was du dir dafür kaufst, ist etwas Wertloses – *vergleichbar: Man kann die Mark nur einmal ausgeben.*

An't Geld schall 'n nich rüken, wo dat mit verdeent is
Am Geld soll man nicht riechen, womit es verdient wurde – *auch nicht, wenn es auf anrüchigem Wege erworben ist.*

Arm ween is keen Schann, wenn een bloots Geld noog hett
Arm sein ist keine Schande, wenn man nur genug Geld hat – *Spott über einen Reichen.*

Armoot un Tofredenheit wahnt ünner een Dack

Armut und Zufriedenheit wohnen unter einem Dach – *Lob der Genügsamkeit bei anderen.*

Beter knickerig un knackerig as rief un rackerig

Besser knauserig als verschwenderisch – *etwa als Entgegnung auf den Vorwurf übertriebener Sparsamkeit.*

Dat Geld verslitt as Botter in de Sünn

Geld schmilzt wie Butter in der Sonne – *Mahnung, mit Geld sorgsam umzugehen.*

De betahlt, hett 't nich nödig to danken

Wer bezahlt, muß sich nicht bedanken – *Rat, für etwas zu bezahlen, um sich nicht in eines anderen Schuld zu begeben.*

De dat Geld hett, is Baas, ook, wenn dat ut 'n Schiet haalt is

Wer das Geld hat, ist der Herr, auch, wenn es aus dem Dreck geholt wurde – *vergleichbar: Geld stinkt nicht.*

De een de hett 'n Rittergut, de anner ritt 'n Gitter ut

Der eine hat ein Rittergut, der andere reißt ein Gitter aus – *über ungerechte Verteilung von Gütern; wohl im Zweiten Weltkrieg in Anspielung auf Hermann Görings Rittergut und Albert Speer, der Eisenzäune für die Waffenproduktion einziehen ließ, entstanden.*

De geern borgt, betahlt nich geern

Wer gerne borgt, bezahlt nicht gern – *drückt einen ver-breiteten Widerwillen gegen Menschen aus, die es vorzie-hen, sich Dinge zu leihen, statt sie zu kaufen.*

De Geld hett, kriggt ook woll Schoh

Wer Geld hat, bekommt auch wohl Schuhe – *neidisches Urteil über jemanden, der durch sein Geld, und nicht durch Anstrengung zu etwas kommt.*

De Giezknüppel kann nich lieden, dat een dat Licht bi em anstickt

Ein Geizhals kann es nicht leiden, wenn jemand das Licht bei ihm anzündet – *bei ihm kann man sogar mit selbstverständlichen Ausgaben auflaufen.*

De Giezknüppel kriggt den Hals nich ehr vull, as bet he em vull Eer hett

Der Geizhals bekommt den Hals nicht voll, bis er ihn voller Erde hat – *Geiz ist ein Übel, daß den Menschen bis zum Tod nicht mehr losläßt.*

De keen Geld hett, mutt 'n Daler wesseln laten

Wer kein Geld hat, muß einen Taler wechseln lassen – *scherzhafte Entgegnung auf jemanden, dem etwas zu teuer erscheint.*

De morgens wat spoort, de avends wat hett

Wer morgens etwas spart, hat abends etwas – *vergleich-bar: Spare in der Zeit, dann hast du in der Not.*

De twee Daler utgifft, ehr dat he een verdeent hett, is 'n Narr

Wer zwei Taler ausgibt, bevor er einen verdient hat, ist ein Narr – *Ermahnung, nur das Geld auszugeben, das man hat.*

Den een mutt 'n betahlen un de anner will Geld hebben

Den einen muß man bezahlen und der andere will Geld haben – *etwa als Entgegnung auf den Rat, einen Preisvergleich anzustellen.*

Een Groschen lockt den annern

Ein Groschen lockt den nächsten – *auch scherzhafte Erklärung, wenn man die wahre Herkunft seines Wohlstands nicht offenbaren will.*

För Geld kann 'n den Düvel danzen laten

Für Geld kann man den Teufel tanzen lassen – *Klage über die Käuflichkeit von Menschen.*

Geld is de flietigste Knecht

Geld ist der fleißigste Knecht – *wenn man Geld ›arbeiten‹ läßt.*

Geld regeert de Welt un de Knüppel den Hund

Geld regiert die Welt und der Knüppel den Hund – *Rechtfertigung einer harten Maßnahme.*

Geld utgeven is lang nix Leegs, een mutt dat aver ook hebben

Geld auszugeben ist wirklich nichts Schlechtes, man muß es aber auch haben – *wenn jemand über seine Verhältnisse lebt.*

Hest du Geld, büst du leev, hest du nix, büst du 'n Sleev

Hast du Geld, bist du lieb, hast du nichts, bist du ein Taugenichts – *vergleichbar: Hast du was, dann bist du was.*

Kredit is Schiet

Kreditaufnahme taugt nichts – *spiegelt eine althergebrachte Abneigung gegen Verschuldung.*

Lever in Ehren arm as riek in de Schann

Lieber in Ehren arm als reich in Schande – *Lob der Ehrlichkeit aus der Sicht eines Benachteiligten.*

Mennicheen will Geld inkuhlen un hett nix

Manch einer will Geld vergraben und hat keines – *etwa über einen Träumer, der großartige Pläne hegt.*

Mit Betahlen warrt dat meiste Geld veraast

Mit Bezahlen verschwendet man das meiste Geld – *wenn jemand klagt, daß er etwas bezahlen muß.*

Na 'n Heger kümmt 'n Feger

Nach einem Heger kommt ein Feger – *über jemanden, der sein Erbe verpraßt.*

So is 't in de Welt, de een hett den Büdel, de anner dat Geld

So ist es in der Welt, der eine hat den Beutel, der andere das Geld – *Klage über die als ungerecht empfundene Verteilung von Gütern.*

Spoor in de Noot, denn hest du Tiet dorto

Spare in der Not, dann hast du Zeit dazu – *Verballhornung des bekannten Sprichworts.*

Spoor wat, hett wat

Spare etwas, hat etwas – *Mahnung, die Sekundärtugend Sparsamkeit zu beherzigen.*

Staat maken is 'n Ehr för de Welt un 'n Schann för den Büdel

Prachtentfaltung ist eine Ehre für die Welt und eine Schande für den Geldbeutel – *hämisches Urteil, wenn jemand, der gern repräsentiert, sich über die hohen Kosten beklagt.*

Vun rieke Lüüd kannst dat Sporen lehrn

Von reichen Leuten kannst du das Sparen lernen – *unterstellt, das Rezept für Reichtum sei Geiz.*

Wenn de Pracher arm worrn is, driggt he dat beste Tüüg för Alldag

Wenn der Bettler arm geworden ist, trägt er das beste Zeug alltags – *in der Not hat man keine Wahlmöglichkeiten mehr.*

Wo wat is, dor kümmt wat bi

Wo etwas ist, da kommt auch etwas dazu – *Wohlstand verstärkt sich selbst.*

Wullt du weten, wat 'n Daler weert is, denn lehn di een

Willst du wissen, was ein Taler wert ist, dann leihe dir einen – *als Mahnung, wenn jemand leichtfertig mit Geld umgeht.*

Tiere

Je höger de Aap stiggt, je mehr wiest he den Moors
Je höher der Affe steigt, desto mehr zeigt er den Hintern – *über einen überheblichen Emporkömmling.*

Wenn de Buck stamert, denn lüggt he
Wenn der Bock stottert, dann lügt er – *wenn jemand bei einer Erklärung oder Rechtfertigung stammelt.*

Dat is 'n goden Buck, de tweemaal stött
Das ist ein guter Bock, der zweimal stößt – *über einen Beharrlichen, der auch einen zweiten Anlauf nicht scheut.*

Den Buck melken un in de Heid fischen bringt nix in
Den Bock melken und in der Heide fischen bringt nichts ein – *wenn man jemanden darauf aufmerksam machen will, daß sein Tun sinnlos ist.*

Een goden Bullen un een goden Schoolmeister is veel weert för 'n Dörp
Ein guter Bulle und ein guter Lehrer sind viel wert für ein Dorf – *da beide auf ihrem Feld für eine brauchbare Nachzucht sorgen.*

Lever een Duuv in'n Pott as dree op 't Dack
Lieber eine Taube im Topf als drei auf dem Dach – *vergleichbar: Lieber den Spatz in der Hand als die Taube auf dem Dach.*

Warrt de Esel to wehlig, denn geiht he op't Ies to danzen

Wenn es dem Esel zu gut geht, dann geht er aufs Eis, um zu tanzen – *zu einem Übermütigen.*

Wenn de Fisch doot is, helpt dat Water nix

Wenn der Fisch tot ist, hilft das Wasser nicht – *über einen Besserwisser.*

Flegen un Frünnen kaamt in'n Sommer

Fliegen und Freunde kommen im Sommer – *weil dies früher die bessere Reisezeit war.*

Ook Hasen treckt den Hund an'n Boort, wenn he doot is

Auch Hasen ziehen den Hund am Bart, wenn er tot ist – *vor einem Mächtigen hat nach seinem Tod keiner mehr Angst.*

'n goden Hahn warrt nich fett

Ein guter Hahn wird nicht fett – *sexuelle Anspielung bei einen schlanken Mann.*

De Hahn kann nich ehrer flegen, as bet he ut 't Ei kümmt

Der Hahn kann nicht fliegen, bevor er aus dem Ei kommt – *Mahnung, sich in Geduld zu üben.*

Ook 'n kloken Hahn fritt de Voss op

Auch einen klugen Hahn frißt der Fuchs auf – *Warnung vor Hochmut.*

De Hehn in'n Pott is dat Enn vun't Eiereten

Die Henne im Topf ist das Ende des Eieressens – *Warnung, die Quelle seines Einkommens nicht zu vernichten.*

De 'n Ei ünner'n Steert hett, hett goot kakeln

Wer ein Ei unter dem Schwanz hat, hat gut gackern – *wenn jemand zu recht Stolz auf eine Leistung ist.*

Kloke Höhner leggt ook maal in de Nettein

Kluge Hühner legen auch gelegentlich in die Brennesseln – *als Erklärung, wenn ein verläßlicher Mensch einen Fehler begangen hat.*

Keen Eier hebben will, mutt ook dat Höhnerkakeln lieden

Wer Eier haben will, muß auch das Gackern der Hühner ertragen – *wer Vorteile haben will, muß auch Nachteile in Kauf nehmen; auch, daß Leute ihre erbrachte Leistung über Gebühr loben.*

De 'n Hund smieten will, findt licht 'n Steen

Wer nach einem Hund werfen will, findet leicht einen Stein – *Zurückweisung einer Kritik.*

De sik för 'n Hund utgifft, mutt Knaken kauen

Wer sich für einen Hund ausgibt, muß Knochen kauen – *Warnung vor zu großer Untertänigkeit.*

De den Hund finnen will, bruukt bloots an'n Steert trecken

Wer den Hund finden will, braucht nur am Schwanz zu ziehen – *weil er sich dann durch Bellen bemerkbar machen wird, vergleiche: auf den Hund kommen.*

Hunnen, de blafft, biet nich

Hunde, die bellen, beißen nicht – *wer viel redet oder schimpft, ist kein Mensch der Tat. Ermunterung, sich von einem Polterer nicht einschüchtern zu lassen.*

Ole Hunnen is slecht Bellen lehren

Alten Hunden ist schwerlich das Bellen beizubringen – *wenn etwa ein älterer Mensch sein Verhalten oder seine Angewohnheiten nicht mehr verändern kann oder will.*

Wenn de Hund satt is, lett he sien Knurren

Wenn der Hund satt ist, läßt er sein Knurren – *satte Menschen sind weniger aggressiv.*

Wenn de Hund nich scheten harr, harr he den Hasen kregen

Wenn der Hund nicht geschissen hätte, hätte er den Hasen gefangen – *Entgegnung auf einen nachträglich erklärenden Satz: »Wenn ..., dann hätte ...«*

De sien Geld weet keen Raat, de stickt dat in Immen un Schaap

Wer für sein Geld kein sinnvolle Verwendung weiß, investiert es in Bienen und Schafe – *Schaf- und Bienenzucht werden als risikoreich erachtet.*

Den een sien Kalv is ook jümmers grötter as den annern sien Koh

Des einen Kalb ist auch immer größer als des anderen Kuh – *über einen Aufschneider.*

Nüchtern Kalver un dune Lüüd fallt sik nich toschannen

Nüchterne Kälber und betrunkene Leute verletzen sich nicht, wenn sie hinfallen – *wenn ein Betrunkener nach einem Sturz unbeschadet wieder aufsteht.*

De stillsten Katten haalt dat Fleesch ut 'n Pott

Die leisesten Katzen holen das Fleisch aus dem Topf – *über eine geschickte Naschkatze.*

Een Katt fallt jümmers op veer Been

Eine Katze fällt immer auf vier Beine – *Anerkennung für einen Glückspilz.*

Je mehr een de Katt strakelt, je höger höllt se den Steert

Je mehr man die Katze streichelt, desto höher hält sie den Schwanz – *Mahnung, mit Lob sparsam umzugehen.*

Ut de Noot röhrt de Katt ehr Poot

Aus der Not heraus rührt die Katze ihre Pfote – *Not lehrt arbeiten.*

Wenn uns Katt 'n Koh weer, denn harrn wi veel mehr Melk

Wenn unsere Katze eine Kuh wäre, dann hätten wir viel mehr Milch – *Abfuhr auf einen »Wenn«-Satz.*

Wenn de Katt sik putzt, gifft dat Besöök

Wenn die Katze sich putzt, gibt es Besuch – *Scherz; auf altem Aberglauben fußend.*

Wenn de Katt muust, miaut se nich

Wenn die Katze maust, miaut sie nicht – *Mahnung an Kinder, die beim Essen schwatzen; auch: Man soll von Vorhaben nicht viel reden.*

Wohr di vör de Katt, de vörn lickt un achtern kleit

Hüte dich vor der Katze, die vorne leckt und hinten kratzt – *Warnung vor Falschheit und Schmeichelei.*

Laat dat doch 'n Koh kösten, wi hebbt jo keen

Laß es doch eine Kuh kosten, wir haben ja keine – *über andere: als Kritik an verschwenderischem Lebenswandel; über sich selbst: als ironischer Zuspruch bei einer kostenträchtigen Entscheidung.*

Ook de swattste Koh gifft witte Melk

Auch die schwärzeste Kuh gibt weiße Milch – *Mahnung, sich nicht von Äußerlichkeiten blenden zu lassen; oder, wenn ein böser Mensch etwas Gutes bewirkt.*

Vun't Geven warrt de beste Koh güst

Vom Geben wird die beste Kuh trocken – *Warnung vor zu großer Freigiebigkeit.*

Wenn de Koh den Steert verloren hett, markt se eerst, wo he goot för weer

Wenn de Kuh den Schwanz verloren hat, merkt sie erst, zu was er nütze war – *wenn jemand einem Verlust nachjammert.*

Wenn ut Kohschiet Botter warrt, dat döggt nix

Wenn aus Kuhscheiße Butter wird, das taugt nichts – *über einen Emporkömmling.*

Wenn de Koh satt is, leggt se sik daal

Wenn die Kuh satt ist, legt sie sich nieder – *zur Begründung einer Rast oder eines Schläfchens.*

Een Kreih hackt de anner keen Oog nich ut

Eine Krähe hackt der anderen keine Auge aus – *Angehörige des gleichen Berufes oder Standes schaden einander nicht.*

Je duller de Kreih sik wascht, je swatter warrt se

Je mehr die Krähe sich wäscht, desto schwärzer wird sie – *wenn man jemandem seine Entschuldigungen nicht abnimmt.*

Beter 'n Luus in'n Pott as gor keen Fleesch

Besser eine Laus im Topf als gar kein Fleisch – *scherzhaft, wenn man sich mit wenig bescheiden muß.*

Wat beter is as 'n Luus, dat nehm mit na Huus

Was besser ist als eine Laus, das nehme mit nach Hause – *Mahnung, auch Geringes nicht zu verschmähen.*

'n smachtige Luus bitt scharp

Eine hungrige Laus beißt scharf – *über jemanden, der aus kleinen Verhältnissen zur Macht gelangt ist und besonders »scharf« gegenüber Untergebenen ist.*

Binn 'n Muus op de Mettwust, denn bitt se wiss an

Binde eine Maus auf die Mettwurst, dann beißt sie sicher an – *Warnung, vergleichbar: Gelegenheit macht Diebe.*

Wenn de Muus satt is, smeckt dat Mehl bitter

Wenn die Maus satt ist, schmeckt das Mehl bitter – *wenn jemand seinen Teller nicht leer ißt.*

Dor höört veel Heu to, all de Ossen dat Muul to stoppen

Es gehört viel Heu dazu, allen Ochsen das Maul zu stopfen – *gegen Dummheit ist schwer anzukommen; aber auch über eine kinderreiche Familie.*

Ossen un dune Lüüd mutt 'n ut 'n Weg gahn

Ochsen und betrunkenen Leuten soll man aus dem Weg gehen – *weil sie störrisch sind, bzw. nur noch über mangelnde Selbstkontrolle verfügen.*

Vun 'n Oss kann een nich mehr verlangen as 'n goot Stück Fleesch

Von einem Ochsen kann man nicht mehr verlangen als ein gutes Stück Fleisch – *als vernichtendes Urteil über einen unfähigen oder gefühllosen Menschen.*

Vun 'n Ossen kann 'n keen Melk verlangen

Von einem Ochsen kann man keine Milch verlangen – *von einem trägen und dummen Menschen kann man keine Leistung erwarten.*

Dat Peerd, dat den Haver verdeent, kriggt em nich

Das Pferd, das den Hafer verdient, bekommt ihn nicht – *etwa, wenn Belohnungen und Beförderungen dem Falschen zugute kommen.*

Wenn de Krüpp leddig is, biet sik de Peer

Wenn die Krippe leer ist, beißen sich die Pferde – *wo Not herrscht, kommt es leicht zum Zwist, besonders in einer Ehe.*

De veerte Foot maakt dat Peerd eerst goot

Der vierte Fuß macht das Pferd erst gut – *Ablehnung einer unvollständigen Sache oder Arbeit.*

Ook dat beste Peerd hett sien Nücken

Auch das beste Pferd hat seine Launen – *etwa, wenn ein guter Arbeiter charakterliche Mängel hat.*

Dat is 'n slecht Peerd, dat bi de Krüpp sweet un bi de Arbeit früst

Das ist ein schlechtes Pferd, das an der Krippe schwitzt und bei der Arbeit friert – *über einen Menschen, der beim Essen mehr Einsatz zeigt als bei der Arbeit.*

De Pogg is beter toweeg in 'n Waterpool as op 'n gollen Stohl

Der Frosch fühlt sich wohler in einem Wasserpfuhl als auf einem goldenen Stuhl – *über Menschen, die lieber in der Anonymität leben als sich einer größeren Öffentlichkeit zu zeigen.*

Rindveeh warrt noch jümmers groot schreven

Rindvieh wird noch immer groß geschrieben – *Rindvieh als Bild für Dummheit.*

Dat is 'n slecht Schaap, dat sien Wull nich dregen kann

Das ist ein schlechtes Schaf, das seine Wolle nicht tragen kann – *wenn jemand zu faul ist, notwendige Schutzkleidung mitzuführen.*

Wenn een 'n Schaap scheren will, denn dörf 'n em nich dat Fell över de Ohren trecken

Wenn man ein Schaf scheren will, dann darf man ihm nicht das Fell über die Ohren ziehen – *Mahnung, Kunden nicht zu übervorteilen.*

Lever 'n fett Swien in'n Stall as so 'n Naver

Lieber ein fettes Schwein im Stall als so ein Nachbar – *über einen unverträglichen Menschen.*

Veel Swien maakt den Drank dünn

Viele Schweine machen flüssiges Schweinefutter noch dünner *wenn man einen Interessentenkreis nicht erweitern will.*

Wenn de Swien satt sünd, stööt se den Trog üm

Wenn die Schweine satt sind, stoßen sie den Trog um – *bei Mißachtung von Gütern im Überfluß.*

'n goot Swien fritt allens

Ein gutes Schwein frißt alles – *Mahnung, wenn jemand am Essen mäkelt.*

Ut 'n Swiensohr kann een keen sieden Geldbüdel maken

Aus einem Schweineohr kann man keinen seidenen Geldbeutel machen – *Kritik an einem Menschen ohne Manieren.*

Wat den een sien Uul, is den annern sien Nachtigall

Was des einen Eule, ist des anderen Nachtigall – *die Anschauungen und Geschmäcker sind verschieden, so daß sogar die Eule, die sprichwörtlich für ein häßliches, verschlagenes Tier steht, von manchen geschätzt wird.*

Een kennt den Vagel an sien Feddern

Man erkennt den Vogel an seinen Federn – *schließt von der Kleidung des Menschen auf sein Wesen.*

Jeedeen Vagel findt sien Nest schöön

Jeder Vogel findet sein Nest schön – *wenn jemand Eigenes oder selbst Geschaffenes lobt.*

Dor flüggt keen Vagel so hooch, he kümmt doch wedder an 'n Grund

Es fliegt kein Vogel so hoch, er kommt doch wieder an den Boden – *vergleichbar: Hochmut kommt vor dem Fall.*

Een dörf sien Veeh nich bloots för de Kötel fodern

Man darf sein Vieh nicht nur wegen des Kots halten – *es muß auch Gewinn abwerfen.*

Wedder 'n Voss un denn keen Flint

Wieder ein Fuchs und dann keine Flinte – *Scherz, wenn ein rothaariger Mensch vorbeigeht.*

Dat is 'n slecht Sitten op 'n Wepsennest
Es sitzt sich schlecht auf einem Wespennest – *in Gemeinschaft mit Streitenden.*

Ook 'n Wulf sorgt för Fro un Kinner
Auch ein Wolf sorgt für Frau und Kinder – *auch dem Bösen ist Menschliches, etwa Familienfürsorglichkeit, nicht fremd.*

Een ole Zeeg fritt geern maal 'n gröön Blatt
Eine alte Ziege frißt gern mal ein grünes Blatt – *Spott, wenn eine ältere Frau Zuneigung zu jungen Männern zeigt.*

Pflanzen und Früchte

Swore Ähren un vulle Köpp duukt sik
Schwere Ähren und volle Köpfe ducken sich – *wer etwas hat oder kann, ist bescheiden.*

De Appel fallt nich wiet vun'n Plummenboom
Der Apfel fällt nicht weit vom Pflaumenbaum – *Verballhornung des bekannten Sprichworts, das Charaktereigenschaften als vererbt ansieht.*

De Appel warrt nich ehr braadt, as dat Avenrohr hitt is
Der Apfel wird nicht eher gebraten, als bis das Ofenrohr heiß ist – *Mahnung zur Geduld.*

Een fulen Appel stickt hunnert anner an

Ein fauler Apfel steckt hundert andere an – *Warnung vor dem möglichen negativen Einfluß eines Einzelnen.*

Keen Boom fallt bi'n eersten Slag

Kein Baum fällt durch den ersten Schlag – *Aufruf zur Beharrlichkeit; oder als Ermunterung bei einer Krankheit.*

Een mutt den Boom begen, wenn he jung is

Man muß den Baum biegen, wenn er jung ist – *Erziehung muß in Kindheit und Jugend geschehen.*

Een haut den Boom nich üm, bloots üm Appels to plücken

Man schlägt den Baum nicht ab, nur um Äpfel zu pflücken – *wenn jemand mit Kanonen auf Spatzen schießt.*

Een dörf nich höger op 'n Boom kladdern, as dor Telgen sünd

Man darf nicht höher auf einen Baum klettern, als dort Zweige sind – *Mahnung, seinem Einkommen gemäß zu leben.*

Wenn ole Bööm ümplant warrt, gaht se ut

Wenn alte Bäume verpflanzt werden, gehen sie ein – *wenn etwa ein alter Mensch kurz nach dem Wechsel ins Altersheim verstirbt.*

Wat schall 'n mit 'n Wiehnachtsboom, wenn dor nix an is

Was soll man mit einem Weihnachtsbaum, wenn nichts daranhängt – *Skepsis, daß einem Versprechen keine Tat folgt.*

Je höger de Boom, je neger de Blitz

Je höher der Baum, desto näher der Blitz – *höhergestellte Persönlichkeiten setzen sich leicht der Kritik aus.*

Wenn de Boom is groot, is de Planter doot

Wenn der Baum groß ist, ist der Pflanzer tot – *bestärkt, auch Dinge zu tun, etwa in der Forstwirtschaft, die erst nachfolgenden Generationen zugute kommen.*

Hoge Bööm fangt veel Wind

Hohe Bäume fangen viel Wind – *wenn Hochgestellte kritisiert werden.*

Wenn de Wind weiht, bruust de Bööm

Wenn der Wind weht, brausen die Bäume – *wenn Gerede erst einmal in der Welt ist, werden es die Leute weitertragen.*

'n olen Stubben lett sik nich verplanten

Ein alter Baumstumpf läßt sich nicht verpflanzen – *etwa über einen Menschen, der einen Orts- oder Wohnungswechsel nicht bewältigt.*

Dies und das

'n Slötel, de bruukt warrt, is jümmers blank

Ein Schlüssel, der benutzt wird, ist immer blank – *das Erprobte ist am sichersten.*

Alldagsgast warrt bald to Last

Alltagsgast wird bald zur Last – *warnt davor, Gastfreundlichkeit überzustrapazieren.*

Alltoveel Ehr is halve Schann

Allzuviel Ehre ist halbe Schande – *Skepsis gegenüber überschwenglichem Lob.*

Anstännige Lüüd gaht bi Hellen na Huus

Anständige Leute gehen bei Tageslicht nach Hause – *etwa als scherzhafte Begründung, warum eine Feier bis nach Sonnenaufgang währt.*

As dat Doon is de Lohn

Wie das Tun ist der Lohn – *etwa als Rechtfertigung einer Strafe.*

Barg un Daal kaamt sik nich in de Mööt, man woll een Minsch den annern

Berg und Tal begegnen sich nicht, aber ein Mensch dem anderen – *wenn sich Freunde in der Fremde begegnen; als Warnung, daß sich irgendwann die Möglichkeit zu einer Abrechnung ergeben kann, vergleichbar: Man trifft sich immer zweimal.*

Beter wat as gor nix

Besser etwas als gar nichts – *auch, wenn man einen Kompromiß schließt.*

Beter 'n lütten Herr as 'n groten Knecht

Besser ein kleiner Herr als ein großer Knecht – *Lob auf Freiheit und Selbständigkeit.*

Beter mit 'n olen Wagen in de Heid as mit 'n nee'et Schipp op See

Besser mit einem alten Wagen in der Heide als mit einem neuen Schiff auf See – *zeugt wohl von der Ansicht, daß die beschwerlichste Landreise der angenehmsten Seereise vorzuziehen ist.*

Bi allens is wat, un bi wat is noch wat

Bei allem ist etwas, und bei etwas ist noch etwas – *wenn jemand lamentiert.*

Dat Wedder mutt jo ook wat üm Hannen hebben

Das Wetter muß ja auch etwas zu tun haben – *als vermeintliche Erklärung für Wetterkapriolen.*

Dat weiht buten jüst so dull as op 'n Karkhoff

Es weht draußen genauso stark wie auf dem Friedhof – *Aufforderung, sich vom Wetter nicht beeindrucken zu lassen.*

Dat is 'n slechten Soot, wo 'n Water hendregen mutt

Das ist ein schlechter Brunnen, zu dem man Wasser hintragen muß – *über einen erfolglosen, lebensuntüchtigen Menschen.*

Dat geiht nu maal nich, sik waschcn un nich natt warrn

Es geht nicht, sich zu waschen und dabei nicht naß zu werden – *Entgegnung auf jemanden, der nur die Vorteile genießen will, aber die Nachteile nicht in Kauf nehmen will.*

Dat geiht nich so, as de Preester predigt

Es geht nicht so, wie der Priester predigt – *wenn etwas nicht nach Plan verläuft.*

Dat gifft alltiet wat Nee'et, man nich faken wat Godet
Es gibt stets etwas Neues, aber nicht oft etwas Gutes – *Aufforderung, an Bewährtem festzuhalten und Neues nicht unkritisch anzunehmen.*

Dat Geweten is 'n scharp Ding
Das Gewissen ist ein scharfes Ding – *wenn jemand von Gewissensbissen geplagt wird.*

Dat is Schiet, wenn een mit Dreck hannelt
Es ist Mist, wenn man mit Dreck handelt – *humoriger Kommentar zu schlechten Geschäften.*

De 't mag, de mag 't, un de 't nich mag, de mag 't denn woll nich mögen
Wer es mag, der mag es, und wer es nicht mag, der mag es dann wohl nicht mögen – *Beweis von toleranter Haltung gegenüber etwas, das nicht dem eigenen Geschmack entspricht.*

De dat Krüüz in de Hand hett, segent sik to-eerst
Wer das Kreuz in der Hand hält, segnet sich zuerst – *Kritik an jemandem, der sich in bevorzugter Stellung vor allem selbst bedenkt.*

De düüstern Morgen geevt de hellsten Daag
Die dunklen Morgen bringen die hellsten Tage – *Trost: was schrecklich beginnt, wird ein gutes Ende nehmen.*

De sik sülvst keddelt, kann lachen, wannehr un wo lang he will

Wer sich selbst kitzelt, kann lachen, wann und wie lange er will – *wenn sich jemand allein auf sich selbst verläßt.*

De Tiet, de goot hengeiht, kann nich slecht wedderkamen

Die Zeit, die gut vergeht, kann nicht schlecht wiederkommen – *etwa beim Anstoßen auf einer Feier.*

Dor is narms mehr Striet as üm een leddig Krüpp

Es gibt nirgends mehr Streit als um eine leere Krippe – *meint, eine wirtschaftliche Grundversorgung ist Voraussetzung für ein verträgliches Familienleben.*

Dor bottert nich allens, wat in de Karn kümmt

Es wird nicht alles zu Butter, was in die Buttermaschine kommt – *wenn man nicht erklären kann, warum etwas nicht gelingt.*

Dor is allerwegens wat bi, bloots nich bi Arfensupp in 'n Buddel, dor fehlt de Speck

Es ist überall etwas dabei, nur nicht bei Erbsensuppe in der Flasche, da fehlt der Speck – *scherzhafte Entgegnung auf einem Klagenden.*

Een lütt beten helpt 'n anner lütt beten

Ein kleines bißchen hilft einem anderen kleinen bißchen – *vergleichbar: Kleinvieh macht auch Mist.*

Geiht narms so verrückt to as op de Welt

Es geht nirgends so verrückt zu wie auf der Welt – *abgeklärter abschließender Kommentar, wenn man die Welt nicht mehr versteht.*

Goot, dat de Hüüs holl sünd

Gut, daß die Häuser hohl sind – *bei schlechtem Wetter. (Auch mit dem Zusatz: ... un nich op 'n Kopp staht.)*

Hebben is beter as (teihn) Kriegen

Haben ist besser als (zehn) Kriegen – *etwa, wenn man bezweifelt, daß eine versprochene Gegenleistung auch wirklich erfolgen wird.*

Hett allens sien Godet, ook dat Slechte

Es hat alles sein Gutes, auch das Schlechte – *Aufmunterung, auch im Unglück Chancen zu erkennen.*

In de gröttste Freid fallt jümmers 'n Koorn Peper

In die größte Freude fällt immer ein Korn Pfeffer – *kein Glück ist ungetrübt.*

Kümmt allens so, as 't kamen mutt

Es kommt alles so, wie es kommen muß – *Lebensmotto eines plattdeutschen Fatalisten.*

Mutt jo allens sien Gesicht hebben

Es muß ja alles sein Gesicht haben – *Entgegnung, um übertriebenen Aufwand zu rechtfertigen.*

Na 'n Regen leggt sik de Wind

Nach dem Regen legt sich der Wind – *auch: nach einer Aufregung kommen auch wieder ruhigere Zeiten.*

90

Na Stillen Freedag kümmt ook Oostern
Nach Karfreitag kommt auch Ostern – *Trost: auf Leid folgt Freude.*

Op 'n hölten Amboss kann 'n keen Iesen smeden
Auf einem hölzernen Amboß kann man kein Eisen schmieden – *wenn jemand mit unzulänglichen Mitteln arbeitet.*

So lang as de Orgel noch geiht, is de Kark noch nich ut
So lange die Orgel noch spielt, ist der Gottesdienst noch nicht vorbei – *Warnung, sich nicht zu früh zu freuen; auch: im vorgerückten Alter kann noch Nachwuchs kommen.*

Strenge Herrn regeert nich lang
Strenge Herren regieren nicht lange – *wohl meistens in tröstender Absicht gesagt.*

To danzen is 'n Klenigkeit, wenn een man den Takt versteiht
Zu tanzen ist eine Kleinigkeit, wenn man den Takt versteht – *Entgegnung auf die Vorhaltung, daß etwas ganz einfach sei.*

Vun alltoveel Grappen kaamt faken Klappen
Von allzuvielen Streichen kommen oft Schläge – *Warnung, etwas nicht zu übertreiben.*

Wat mutt, dat mutt

Was muß, das muß – *als Zuspruch vor einer unangeneh-
men Arbeit oder Entscheidung, bzw. deren nachträgliche
Rechtfertigung.*

Wat nich klaut is, is nich weg

Was nicht gestohlen wurde, ist nicht weg – *Ermunterung,
die Suche nach einem verschwundenen Gegenstand nicht
einzustellen.*

Wat schast maken, schittst in't Bett, schittst ook in't Laken

Was willst du machen, scheißt du ins Bett, scheißt du
auch ins Laken – *alles Tun hat zwangsläufig Risiken und
Nebenwirkungen. (Auch mit dem Zusatz: …* un denn
kannst raken un raken un kannst nix maken, bloots
Supp vun kaken.*)*

Wenn de Sünn vun'n Heven fallt, sitt wi all in'n Düüstern

Wenn die Sonne vom Himmel fällt, sitzen wir alle im
Dunkeln – *zu einem Schwarzseher.*

Wenn de Wind nich weiht, steiht de Möhl still

Wenn der Wind nicht weht, steht die Mühle still – *Aufforderung, tätig zu werden.*

Wenn 't Mood warrt, ritt de Paster op 'n Oss na Kark

Wenn es Mode wird, reitet der Pastor auf einem Ochsen
zur Kirche – *Kritik an Zeitgeisterscheinungen.*

Wenn dat Kind versapen is, warrt de Soot dichtmaakt

Wenn das Kind ertrunken ist, wird der Brunnen verschlossen – *Kritik am leichtfertigen Umgang mit Gefahren.*

Wo Water ween is, kümmt wat wedder

Wo Wasser gewesen ist, kommt etwas wieder – *Trost bei einem Verlust.*

Wo de Sünn schient, bruukt 'n den Maand nich

Wo die Sonne scheint, braucht man den Mond nicht – *wer das Beste hat, braucht das Zweitbeste nicht.*

Literatur

Buurman, Otto: Hochdeutsch-plattdeutsches Wörterbuch. Auf der Grundlage ostfriesischer Mundart. 12 Bde. Neumünster 1962–1975, Nachdruck Aurich 1993

Friesisches Sprichwörterlexikon. Zusammengestellt von Ommo Wilts. Neumünster 1992

Mensing, Otto: Schleswig-Holsteinisches Wörterbuch (Volksausgabe). 5 Bde. Neumünster 1927–1935

Niederdeutsche Sprichwörter zwischen Ems und Issel. Eine Lebens- und Sittenlehre aus dem Volksmund. Bearbeitet und herausgegeben von Heinrich Büld. Münster 1983

Plattdeutsche Sprichwörter, Redensarten und Bauernregeln aus dem Emsland. Gesammelt von Bernhard Garmann. Bearbeitet und herausgegeben von Hans Taubken. Lingen (Ems) 1978

Sprichwörter und Redensarten aus Schleswig-Holstein. Herausgegeben von Paul Selk. Husum 2. Aufl. 1983

Wander, Karl Friedrich Wilhelm (Hrsg.): Deutsches Sprichwörter-Lexikon. Ein Hausschatz für das Deutsche Volk. 5 Bde. Leipzig 1867. Nachdruck Kettwig 1987

Wat so seggt ward. Niederdeutsche Sprichwörter und Redensarten aus Schleswig-Holstein. Zusammengestellt von Rudolf Horstmann. Neumünster 1980

Wossidlo/Teuchert: Mecklenburgisches Wörterbuch. 7 Bde. 1942 bis 1992. Nachdruck Neumünster 1996

Register

Hartmut Cyriacks / Peter Nissen

Sprachführer
Plattdüütsch

Sie wollen Plattdeutsch lernen?
Dieses Buch bringt in Textbeispielen und
Übungen unterhaltsam die Sprache näher.

Hartmut Cyriacks / Peter Nissen

2000 Wörter
Plattdüütsch

2000 Wörter in platt- und hochdeutscher
Übersetzung – eine ideale Hilfe für den
Umgang mit der plattdeutschen Sprache.

Hartmut Cyriacks / Peter Nissen

Sprichwörter
Plattdüütsch

Über 500 plattdeutsche Sprichwörter
mit hochdeutschen Übersetzungen und
situativen Einordnungen für die Benutzung.

Erschienen im

Quickborn-Verlag